\旅行に役立つ/

台湾華語

フレーズ集

森下実希 著

ナツメ社

はじめに

この本を手に取ってくださってありがとうございます！

　私が台湾に暮らし、台湾の魅力を発信する仕事についたきっかけは「台湾旅行」でした。たった1度の旅行で台湾に恋をして、台湾旅行リピーターとなり、言語留学、ワーキングホリデーを経て気づけば10年以上の月日が経ちました。

　私のように台湾に恋をする人が増えてほしいという思いで、この本を執筆しました。教科書に載っているフレーズだけではなく、実際に台湾の人々が使っている生きたフレーズを、できるだけ簡潔なカタカナと変調後の声調で表しています。正直なところ、カタカナだけで完璧に表現できる台湾華語の発音というのは少ないので、ダウンロードできる音声をたくさん聞いてください。発音に慣れれば、旅行中でも聞き取れるフレーズが多くなりますし、真似して発音してみれば通じることも増えてくるはずです。カタカナと聞こえてくる音声とが大きく違うと感じられるのは日本語にはない音で、しっかりと中国語の発音練習をしないと出ない音です。台湾で通じやすい発音をカタカナで表現しています。そして、日本人には不思議に思えるのですが、声調が合っていて、

それらしい音が出ていれば結構通じます。

　本書に掲載しているフレーズは、旅行で食事、買い物、アクティビティなど、台湾を楽しむ場面を想定して厳選しています。イラストをふんだんに盛り込んだので、台湾を旅しているような気分で本書を楽しんでいただけることでしょう。

　Part 1ではシーン別のフレーズや関連する単語を紹介しています。Part 2ではどのようなシーンでも使いやすい、基本的なフレーズを紹介しています。Part 3ではシーン別に知っておくと便利な単語をイラストとともに紹介しています。巻末には、よく使う動詞や形容詞、月日や地名の表現を紹介しています。

　会話フレーズのほかに、台湾の文化的なものもご紹介しています。台湾旅行に出発する前から、台湾の空気感を感じられ、旅行中や旅行後に、「そうそう、台湾ってこうだった！」と振り返って、台湾旅行の思い出がより深みのあるものになってもらえれば幸いです。

　台湾の最も美しい風景は「人」だと言われます。この本が、そんな台湾の人々との出会いのきっかけになり、台湾に恋する人が増えたら、これ以上うれしいことはありません。

森下　実希

本書の使い方

本書では、台湾を旅行する際に知っていると便利な台湾華語を
シーン別、機能別に分けて紹介しています。
発音は、ダウンロードして聞けるネイティブによる音声を確認しましょう。

Part 1 旅行のシーン別会話フレーズ

音声ファイル番号です。

それぞれのシーン別に、
フレーズを紹介しています。

シーンを代表するフレーズ
と単語を、イラストとともに
紹介しています。

ウオ ヤオ ディエンツァン
我要點餐。
注文したいです。

フレーズには、声調を表す矢印とカタカナをつけています。
カタカナでは表せない音もたくさんあり、違って聞こえるもの
もありますが、なるべく、通じやすい表記をこころがけました。

声調とは

発音の際の音の高低のパターンのことです。台湾華語には
次の4つに軽く発声する「軽声」を加えた5つがあります。

1声 →	2声 ↗	3声 ∨	4声 ↘	軽声 •
高い音で一本調子に伸ばす「アー」	低い音から高い音へ急に上げる「エッ?」	低い音「アァ…」	高い音から低い音へ急に下げる「マァ!」	軽く発声

Part 2 基本&トラブル時会話フレーズ

いろいろなシーンですぐに使えるフレーズを紹介しています。

Part 3 シーン別イラスト単語集

シーンごとに知っておきたい単語をイラストとともに紹介しています。

付録

よく使う単語をまとめて紹介しています。

5

音声データのダウンロードについて

🔊 **1-04** 音声マークです。ファイル番号を選んで再生し、ネイティブの発音を聞いてください。

本書の音声ファイルは、株式会社ナツメ社のウェブサイト（https://www.natsume.co.jp/）の「旅行で役立つ 台湾華語フレーズ集」のページよりダウンロードできます。
ダウンロードした音声は、パソコンやスマホのMP3対応のオーディオプレーヤーで再生できます。

● ダウンロードした音声データは本書の学習用途のみにご利用いただけます。改変や商用利用はできません。

● ダウンロードした音声データの使用により発生したいかなる損害についても、著者および株式会社ナツメ社は一切の責任を負いかねますのでご了承ください。

contents

はじめに……2
本書の使い方……4

Part 1
旅行のシーン別会話フレーズ

食堂……12
- 店内で食事をする……14
- 席を決める……16
- 小籠包を注文する……18
- 注文カードで注文する……20
- 注文時に確認する……22
- 追加注文する……24
- 会計する……26

夜市……28
- 感想を伝える……30

カフェ……34
- おすすめを聞く……36
- 茶芸館……38
- ドリンクスタンド……40

移動……42
- タクシーに乗る……44
- MRTに乗る……46
- バスに乗る……48

観光……50

- 写真を撮る……52
- 祭りに参加する……54
- イベントに参加する……56
- 夜景を見る……58
- 感想を伝える……60

土産……62

- お菓子を買う……64
- 免税手続きをする……66
- 市場で買う……68
- 値段交渉を楽しむ……70
- 記念写真を撮る……72
- 台湾式シャンプーをする……74
- 漢方店に行く……76

もっと知りたい！台湾
緑色のスナックの御利益……78

Part 2
基本&トラブル時会話フレーズ

- こんにちは／さようなら……80
- すみません……82
- ありがとう……84
- いいですか？／大丈夫です……86

- はい／いいえ……88
- あいづち／ほめる……90
- いくら？／いつ？……92
- どこ？……94
- ～はありますか？……96
- できます／できますか？……98
- ～したいです……100
- ～してください……102
- ～しないでください……104
- トラブル時……106

もっと知りたい！台湾
台湾の人がリアルに食べている朝ご飯……108

Part 3
シーン別イラスト単語集

- 食堂……110
- カフェ……112
- 夜市……114
- 移動……116
- 観光……118
- コンビニ……120
- スーパー……122
- 土産①……124
- 土産②……126

付録

- よく使う動詞……**128**
- よく使う形容詞……**129**
- よく使う副詞……**130**
- よく見る標識／看板／表示……**131**
- 気象を表す言葉……**132**
- 職業／役職……**133**
- 数字……**134**
- 助数詞／単位……**135**
- 月／曜日／季節／祝日……**136**
- 時間を表す言葉……**138**
- 体のパーツ……**139**
- 顔のパーツ……**140**
- 日本の地名……**141**
- 主な地名……**142**
- 名所……**143**

staff

台湾華語校正／湘南中文學苑（林怡州・卓訓弘）
イラスト／アイコベリー
本文デザイン／谷由紀恵
録音／一般財団法人英語教育協議会（ELEC）
ナレーター／張 維晴・林 斯啓・水月優希
編集協力・DTP／株式会社エディポック（古川陽子）
編集担当／山路和彦（ナツメ出版企画株式会社）

Part 1

旅行のシーン別会話フレーズ

第 1 課 店内で食事をする 🔊 1-02

食堂では、まずテイクアウトか店内で食べるかを伝えます。

🌸 ミニ解説

「Aですか、それともBですか？」と聞くときは「A還是B?」を使います。
答えるときは「A。」または「B。」と答えます。

▶ テイクアウトだと伝える

外帶。
ワイ ダイ
テイクアウトです。

🌸 台湾はどんなものでもテイクアウトやデリバリーが利用できます。小籠包やルーロー飯はもちろん、火鍋やかき氷まで、なんでもあります。体調不良などで外食するのがつらく、ホテルの部屋で食べたいときなどに利用してみてください。

▶ 店員から人数を聞かれる

請問幾位用餐？
チン ウェン ジー ウェイ ヨン ツァン
何名様ですか？

🌸 忙しくて、「請問」や「用餐」を省略し「幾位」とだけ聞くところも多いです。語気がきつく感じる方もいますが、怒っているわけではないので、臆せず人数を伝えてください。

▶ 人数を答える

兩位。
リャン ウェイ
2人です。

兩大一小。
リャン ダー イー シャオ
大人2人、子ども1人です。

🌸 人を数える「位」の代わりに「個人（ガレン）」も使えます。

🌸 子ども連れのときは子どもの人数も伝えるのがベターです。

▶ 飲み物を持ち込む

可以帶飲料進來嗎？
カゥ イー ダイ イン リャオ ジン ライ マ
飲み物は持ち込めますか？

🌸 お水を提供していないお店も多いので、飲み物を持参するか注文してくださいね。持ち込み可のお店でも、他店のゴミは持ち帰るのがマナーです。「飲食物持ち込み禁止」は「禁止外食（ジンズーワイシー）」です。

Part 1 旅行のシーン別会話フレーズ

第 2 課 席を決める 🔊 1-03

お手頃な食堂では相席がふつうですが、
レストランでは次のように聞いてくれます。

▶店員からカウンター席でいいか、聞かれる

↗	↘	↘	→	↗	・
カゥ	イー	ズオ	バー	タイ	マ

可以(坐)吧台嗎？
カウンター席でもいいですか?

🌸 「吧（バー）」は英語のbarから来ていて、4声（↘）で発音されることも多くあります。

▶他の席があるか聞く

↗	↗	→	↘	・	・
ヨウ	チー	ター	ウェイ	ズ	マ

有其他位子嗎？
ほかの席はありますか?

▶店員からベビーチェアの要不要を聞かれる

↘	↗	↘	↗	↗	↘
ヤオ	ブ	ヤオ	アー	トン	ズオ	イー

要不要兒童座椅？
子ども用のイス(ベビーチェア)は必要ですか?

🌸 「サービスよりも料理の質で勝負している！」というようなお店では、忙しいこともあって丁寧な接客はあまり受けられないことが多々あります。

▶答える

↘
ヤオ

要。
必要です。

↗	↘
ブー	ヨン

不用。
必要ありません。

第 3 課 小籠包を注文する 🔊 1-04

さっそく、料理を注文してみましょう。

還需要其他的嗎？
ハイ シュー ヤオ チー ター ダ マ
ほかに何か注文されますか？

我要兩籠小籠包。
ウオ ヤオ リャン ロン シャオ ロン バオ
小籠包を2せいろください。

🌸 ミニ解説

小籠包の単位には何を使えばいいでしょうか？　それは状況によって少し異なります。蒸籠で提供しているお店では蒸籠を数える「籠（ロン）」が一般的です。個数を数えるときは「顆」を使います。

一籠幾顆？「1せいろ、何個入りですか？」
イー ロン ジー カー

▶ **写真つきメニューがあるかを聞く**

ヨウ ヨウ ザオ ピェン ダ ツァイ ダン マ
有有照片的菜單嗎？
写真付きのメニューはありますか？

🌸 日本語が書かれているメニューでも意味を正確には訳せないものがあります。例えば「拼盤（ピンパン）」は2種類以上の盛り合わせが提供されます。「組」の量詞が使われているときは「セット」になっています。

▶ **店員から調理に時間がかかると言われる**

ズン ベイ シー ジェン フェイ ビー ジャオ ジョウ
準備時間會比較久。
調理に時間がかなりかかります。

▶ **調理時間を聞く**

ダー ガイ ドゥオ ジョウ
大概多久？
どれくらいかかりますか？

🌸 台湾のレストランでは提供時間がとても短いです。なかなか出てこないときは、「我點的菜還沒上來（ウォ ディエン ダ ツァイ ハイ メイ ライ）注文したものがまだ届いていません」と言って、確認してみてください。

▶ **店員から調理時間を告げられる**

ダー ガイ シー ウー フェン ゾン ズオ ヨウ
大概十五分鐘左右。
15分くらいかかります。

🌸 注文を受けてから調理するので、時間がかかりそうなお店では有料の小皿料理があらかじめ用意されていて、これらを自由に選んで食べながら、注文した料理を待つことが多いです。

第 4 課 注文カードで注文する 🔊 1-05

注文カードに数字を書き入れて注文することも多いです。

🌸 ミニ解説

注文カードで注文するときはあまり店員さんと話すことはないのですが、困ったときは「不好意思!」と店員さんに話しかければ大丈夫です。この感覚は日本ととても近いです。

▶注文カードが見当たらないとき

有沒有菜單？
ヨウ メイ ヨウ ツァイ ダン

注文カードはありますか？

🌸 イートインで注文カードを使う場合、必ずテーブル番号を書きます。「6」か「9」のテーブルに座る際は要注意。隣のテーブル番号を見て、自分はどちらのテーブルに座っているかを判断してみてくださいね。

▶分量を尋ねる

這個是一人份嗎？
ゼ ガ シー イー レン フェン マ

これは1人前ですか？

🌸 台湾のポーション（盛り）は日本よりも多めです。食べ残しを持ち帰ることも可能ですし、少なめに注文してから足りなければ、追加オーダーすることも可能です。

▶店員の答えの例

不是，這個是兩人份。
ブー シー ゼ ガ シー リャン レン フェン

いいえ、2人分あります。

🌸 特に何も書かれていないときは1人前ですが、写真付きメニューでは通常2人前以上の写真を使うことが多いです。小さな文字で「兩人份（写真は2人前です）」などと書かれているので確認しましょう。
1人前の値段が書かれていても1人前では注文できないものもあります。そんな場合は、メニューに「至少需點○人份(○人前以上から注文可能)」というような文言が書かれています。

第 5 課 注文時に確認する 🔊 1-06

食事を楽しむために知っておきたいフレーズをまとめます。

カン チ ライ ハウ ハウ ツー
看起來好好吃！
とてもおいしそうです！

ウオ イエ シャンディエン
我也想點。
私も注文したいです。

🌸 ミニ解説

お隣の席のあの人が食べているものを食べたい……。そんなふうに思うことって多々ありますよね？ そんなときは、おいしそうな食べ物を指し示しながら、「私も注文したいです」と言ってみましょう。店員を呼ぶときは「不好意思。(ブー ハウ イー ス)すみません」(p.20)です。

▶店員からドリンクについて聞かれる

イン リャオ ツァン チエン フオ ツァン ホウ サン
飲料餐前或餐後上？
ドリンクの提供は食前ですか、食後ですか？

🌸 ドリンクを注文すると、いつ持ってくるか聞かれます。

▶食前か食後かを答える

ツァン チエン
餐前。
食前に(お願いします)。

ツァン ホウ
餐後。
食後に(お願いします)。

▶含まれているものを尋ねる

ヨウ メイ ヨウ ファン シャン ツァイ バー ジャオ
有沒有放 香菜／八角？
パクチー／八角は入っていますか？

▶店員の答えの例

ヨウ
有。
入っています。

メイ ヨウ
沒有。
入っていません。

🌸 入れないでほしいなら次のように言います。

ブー ヤオ ファン シャン ツァイ
不要放香菜。「パクチーは入れないでください。」

Part 1 旅行のシーン別会話フレーズ

第6課 追加注文する 🔊 1-07

もう少し食べたい、飲みたいときは追加で注文しましょう。

這個請再給我一份。
ゼ ガ チン ザイ ゲイ ウオ イー フェン
これをもう1つください。

🌸 「一份」の部分は、頼むものによって使い分けます。「份」は1人前の単位です。

好。
ハウ
はい、わかりました。

🌸 ミニ解説

分量がわかりづらいときは少なめに注文し、足りなければ追加注文すると残すことなく食べられます。食べきれない場合は「打包（ダーバオ）お持ち帰り」も可能です。

▶ビールを追加注文する

チン ザイ ゲイ ウオ イー ピン ピー ジョウ
請再給我一瓶啤酒。
ビールをもう1本、お願いします。

🌸 ビール瓶は「瓶」、ジョッキは「杯」、缶ビールは「罐」と数えます。

▶取り皿をもらう

チン ゲイ ウオ シャオ パン ズ
請給我小盤子。
取り皿をください。

🌸 台湾では「取り皿」に該当する単語がありません。そのため、「取り皿」が欲しい場合には、「小さなお皿をください」と伝えます。醤油やお酢などの調味料を入れるような小皿は「碟子（ディエズ）」と言います。

▶スプーンをもらう

ウオ シュー ヤオ タン ツー
我需要湯匙。
スプーンが欲しいんですが。

チン ゲイ ウオ タン ツー
請給我湯匙。
スプーンをください。

ちょっと一息

サービス料を取らない食堂やセルフサービスのお店では、カトラリー（スプーンやフォーク）をセルフで取ることが多いです。各テーブルに調味料とともに立てられていることもありますし、1か所にまとめてあることもあります。このようなお店では壁などに「餐具自取（ツァン ジュー ズー チュウ）食器セルフサービス」と書かれていることが多いですよ。

Part 1 旅行のシーン別会話フレーズ

第 7 課 会計する 🔊 1-08

会計は、レジへ移動して行います。

我要 買單/結帳。
ウオ ヤオ マイ ダン ジエ ザン
お会計をお願いします。

🌸 ミニ解説

席で会計するのは、閉店間際のレストランか超高級レストランだけです。お店を出る際、地元民はあまり「ごちそうさまでした」「おいしかったです」などとは言いませんが、私は次のどれかでおいしく食べられたお礼を伝えています。

吃飽了。「おなかいっぱいになりました」
ツー バオ ラ

很好吃。「おいしかったです」　謝謝。「ありがとうございます」
ヘン ハウ ツー　　　　　　　　シエ シエ

▶ クレジットカードが使えるか聞く

有收信用卡嗎？
ヨウ ソウ シン ヨン カー マ
クレジットカードは使えますか？

可以刷卡嗎？
カゥ イー スア カー マ
クレジットカードで支払えますか？

▶ カードで支払う

我要刷卡。
ウオ ヤオ スア カー
カードでお願いします。

🌸 台湾でもクレジットカードが使用できますが、タッチ式しか使えないというお店もあります。代表的な国際ブランドであるマスターカード、VISAカード、JCBカードならまず大丈夫です。

▶ 店員から現金のみだと告げられる

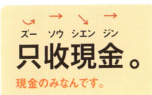

只收現金。
ズー ソウ シエン ジン
現金のみなんです。

🌸 台湾でも割り勘はよく行われます。別々に支払うことができない場合は、代表者が一括で払い、その後ほかの人がスマホの決済方法で送金する、キャッシュレス割り勘を利用している人も増えてきました。

▶ 別々に支払う

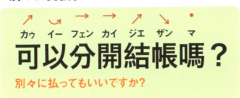

可以分開結帳嗎？
カゥ イー フェン カイ ジエ ザン マ
別々に払ってもいいですか？

Part 1 旅行のシーン別会話フレーズ

第 8 課 感想を伝える 🔊 1-10

おいしいときは、そう伝えてみましょう。

🌸 ミニ解説

基本的に「很好吃」と伝えるのですが、「とても」などをつけて強調する方法があります。さらに、台湾語で「好呷（ホーッジャー）」と伝えてみると、喜ばれます。

▶ 強調して味をほめる①

→ ↗ ↷ →
フェイ チャン ハウ ツー
非常好吃！
本当においしいですね！

→ ↷ →
チャオ ハウ ツー
超好吃！
めっちゃおいしい！

▶ 強調して味をほめる②

↷ → ・ ↘ ↗ ↷
ハウ ツー ダ ブー ダ リャオ
好吃得不得了。
とてもおいしいですね。

🌸 「不得了」は「とても、ものすごく」という意味。「好吃（おいしい）」のあとに続く「得」は程度を表す表現（程度補語）をつなぐ役割をしています。

▶ 口に合わないとき

↗ ↘ ↗ ↷ ・ ↷ ↘
ブー シー ハー ウオ ダ コウ ウェイ
不適合我的口味。
ちょっと私には合いませんでした。

🌸 台湾のお店にはテーブルなどに調味料などが置かれています。口に合わないなと思ったときは、遠慮せず味を調整してみてください。

▶ 想像と違ったとき

↷ ↘ ↗ ・ ↗ ↗
ビー ユィ チー ダ ハイ ティエン
比預期的還甜。
思ったより甘かったです。

🌸 想像と違う味でも、直接お店の人に伝える人はあまりいません。その辺りの感覚は日本人によく似ています。

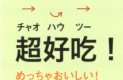

▶味や見た目の表現方法

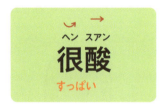
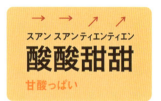

▶食感などの表現

スアン コウ
爽口
すっきり

ヘン ヌン
很嫩
やわらかい

ソン ルァン
鬆軟
ふわふわ

スー ツェイ ツェイ ツェイ ダ
酥脆／脆脆的
パリパリ・カリカリ・サクサク

ミエン ミー
綿密
しっとり・ねっとり

ヘン タン
很燙
熱い

ヘン ヨウ タン シン　キュー キュー ダ
很有彈性／ＱＱ的
もちもち・弾力がある

ニエン ニエン
黏黏
ねばねば

ルー コウ ジー フア
入口即化
（口に入れた途端）とろける

33

第 9 課 おすすめを聞く 🔊 1-12

現地で人気のメニューを聞いてみましょう。

推薦什麼？
トゥエイ ジエン セン モゥ
何がおすすめですか？

這個最受歡迎。
ゼ ガ ズイ ソウ フアン イン
これが人気です。

🌸 ミニ解説

価格表には、ミニマムチャージ（最低消費）の値段が書かれていることが多いです。価格ではなく、「毎人低消一杯飲料（1人当たり最低1杯のドリンク）」などと書かれていることもあります。レストランやカフェでは、メニューの下のほうに小さい文字で書かれている文言も見るようにしてみてください。

▶ おすすめを聞く①

ヨウ メイ ヨウ ザオ パイ リャオ リー
有沒有招牌料理？

看板メニューはありますか？

お店のおすすめもいいですが、店員さんが個人的に好きなものを聞くのも手です。その場合は以下のように聞いてみてください。

ニー ガー レン ズイ シー ファン ツー セン モウ
你個人最喜歡吃什麼？「あなたが個人的に一番好きな食べ物は何ですか？」

▶ おすすめを聞く②

パイ チ ライ ヘン ハウ カン ダ シー ナー イー ガ
拍起來很好看的是哪一個？

写真映えするメニューはどれですか？

見栄えのいい写真は「網美照」、インフルエンサーは「網紅」です。最近はSNSから人気に火がつくことお店や料理も多いです。

▶ 撮影の可否を聞く

カゥ イー パイ ザオ マ
可以拍照嗎？

写真を撮ってもいいですか？

写真を撮影する際には、ほかのお客さんが写らないように気をつけましょう。お料理を撮影するのに何か言われることはほぼありません。

ちょっと一息

台湾のレシート「發票（ファーピャオ）」は宝くじになっています。これはお店に正しく納税してもらうために、政府が行っている取り組みです。2か月に1度当選番号が発表されるので、レシートは捨てずに大切に取っておきましょう。外国人も、当選すれば当選金をもらえます。

Part
1
旅行のシーン別会話フレーズ

37

第10課 茶芸館 🔊 1-13

台湾の伝統的な作法に沿ってお茶を楽しんでみましょう。

ニン メン シー ディー イー ツー ライ チャー イー グァン マ

您們是第一次來茶藝館嗎？

茶芸館は初めてですか？

ドゥエイ

對。

はい。

🌸 ミニ解説

お茶を若者にも広めたいという思いから、おしゃれでモダンな茶芸館が増えてきた影響で、カフェに行く感覚で茶芸館へ行く若者が多くなってきています。伝統的な茶芸館の料金には、茶葉代、お水代が含まれます。そのため、余った茶葉は持ち帰ってもかまいません。

Part 1 旅行のシーン別会話フレーズ

▶ お茶をほめる

ウェン チ ライ ハウ シャン　ヘン マン ズー

聞起來好香。很滿足！

香りがとてもいいですね。大満足です！

🌸 のどを過ぎた後に甘さや香りがふわっと返ってくることを「回甘」といいます。これが感じられるお茶はおいしい証拠ですよ！

▶ 茶器をほめる

チャー ジュー イエ ヘン バン

茶具也很棒！

茶器もすばらしいですね！

🌸 茶芸館で取り扱っている茶器もすてきなものが多いです。

▶ お水、お湯のお代わりを頼む

チン バン ウオ ジャー スェイ

請幫我加水。

お水のお代わりをください。

カゥ イー フェイ ツォン マ

可以回沖嗎？

お湯を足してもらえますか？

🌸 茶芸館だけでなく、カフェやスタバで茶葉が入った飲み物を注文したときにも、お湯を足してもらえることが多々あります。

ちょっと一息

茶芸館で本格的な茶器を目にすると、きっと購買意欲がわくはずです。茶壺（急須）、茶海（ピッチャー）、茶杯（湯呑み）をそろえると、日本でも台湾茶を楽しめますよ！また、ふたつきの器「蓋碗」ならこれひとつで気軽に台湾茶が楽しめます。

39

第11課 ドリンクスタンド 🔊 1-14

ドリンクスタンドで注文をしてみましょう。

🌸 ミニ解説

台湾では甜度（甘さ）と冰塊（氷の量）をカスタマイズできます。お店にはこのページの左上のような表があるので、それを見て甘さと温度を選んでみてください。漢字のわかる日本人的トラップは「少糖」と「少冰」。砂糖や氷が少ししか入っていないかと思いきや、「少」は『少し減らす』という意味なので、気をつけて！さらに「正常」は砂糖と氷が100％入っている状態というのも楽しい表現ですよね。ただし、その量は正常じゃないぞ！と言いたくなる量が入っています。

※甘さは左から（100％）＞（75％）＞（50％）＞（25％）＞（0％）
　氷の量は左から（100％）＞（75％）＞（30％）＞（10％）＞（0％）
　パーセントは目安です。

▶注文する

ウオ ヤオ イー ベイ ゼン ズー ナイ チャー
我要一杯珍珠奶茶。
タピオカミルクティーを1つください。

Part 1 旅行のシーン別会話フレーズ

▶値段を尋ねる

ゾン ゴン ドゥオ サオ チェン
總共多少錢？
全部でいくらですか?

🌸 台湾の通貨は台湾元（ニュー台湾ドル）です。一般的に「元（ユェン）」で表記されますが、口に出して読むときは「塊（クァイ）」を使うことが多いです。英語での表記は「NT$」や「NTD」です。

▶数量の例

イー ハー	イー ガ	ゼ ガ	イー ジン
# 一盒	# 一個	# 這個	# 一斤
1箱	1個	これ	1斤（600g）

▶店員から値段を告げられる

ゾン ゴン リャン バイ サン
總共兩百三。
合計で230元です。

🌸 100を超える値段を言うときは注意が必要です。120なら一百二（イーバイアー）となり、語末の「0」を言わないのです。1200なら一千二となります。では、1205なら？ 一千兩百零五（イーチェンリャンバイリンウー）となります。慣れるまで少し時間がかかりますが、聞き取ってみてくださいね。

移動
移動 🔊 1-15

ユェン サン ダー ファンディエン
圓山大飯店
円山大飯店

ゴン チャー　バース　カゥ ユェン
公車/巴士/客運
バス

ファンディエン
飯店
ホテル

ジー チャー
機車
スクーター

ホン リュィ ダン
紅綠燈
信号機

ジー チャンチャー　シャオフアン
計程車/小黃
タクシー

ジャオ ター チャー
腳踏車
自転車

ディエン イン ユエン
電影院
映画館

ゴン ユェン
公園
公園

42

Part 1 旅行のシーン別会話フレーズ

フェイ ジー
飛機
飛行機

ナ ガ シー タイ ベイ イー リン イー バ
那個是台北１０１吧！
あれが台北101ですね!

ジエ ュェン
捷運
MRT

ヨウ トン
郵筒
ポスト

ヨウ ジュー
郵局
郵便局

タイ ワン ダー シュエ
臺灣大學
台湾大学

ルー
路
道

43

第12課 タクシーに乗る 🔊 1-16

台北市内には多くのタクシーが走っています。

チン ダオ ユェン サン ダー ファン ディエン
請到圓山大飯店。
円山大飯店へ行ってください。

ハウ
好。
はい、わかりました。

※台湾の住所は大きな道から
どんどん小さな道へと表記します。
路（大道）→段→巷→弄→號

🌸 ミニ解説

ホテルへ行くときは英語名や日本語名では通じないことが多々あります。台湾華語で伝えましょう。観光スポットなども有名でないときは通じません。そんな時は住所を見せて「我要去這裡（ウオヤオチュー ザーリー）ここへ行ってください」と伝えても◎。タクシーのドアは自分で開け閉めするので、後ろから車やバイクが来ていないか気をつけてくださいね。白タクに乗りたくない場合は、黄色の車を探してみてください。

▶所要時間を聞く

ヤオ ドゥオ ジョウ
要多久？
(時間は)どのくらいかかりますか？

🌸 台北は一方通行が多いので、遠回りされがちと感じるかもしれません。どうしても気になる方はGoogle mapなどでルートや時間を検索するのも◎。

▶料金の目安を聞く

ダー ガイ ドゥオ サオ チエン
大概多少錢？
(料金は)どのくらいかかりますか？

🌸 2025年2月現在、台北市の初乗りは85元。1.25km走ったあと200mごとに5元、さらに時速5kmが60秒続けば5元かかります。深夜（23時〜翌朝6時）と春節期間は初乗りに数十元追加されます。

▶トランクを開けてもらう

チン バン ウオ ダー カイ ホウ チャー シャン
請幫我打開後車廂。
トランクを使いたいのですが。

🌸 基本的にトランクを使用しても追加料金はかかりません。貴重品や揺れに弱いPCやカメラなどはトランクに入れないほうがいいでしょう。

▶乗務員からシートベルトをつけるよう告げられる

チン シー アン チュエン ダイ
請繫安全帶。
シートベルトを締めてください。

🌸 台湾では後部座席に座っている人もすべてシートベルトを着用する義務があります。怠ると罰金を科されることもあるので、注意しましょう。

Part 1 旅行のシーン別会話フレーズ

第13課 MRTに乗る 🔊 1-17

平均5分間隔で走るMRTはとても便利です。

🌸 ミニ解説

台北メトロ（MRT）に乗るなら断然ICカードを購入するのが一番です。駅の販売機でも買えますが、コンビニではかわいいキャラクターや立体のものなどを置いていることもあります。日本のSuicaなどと使い方が同じで、乗り降りの時に改札でピッとタッチするだけで、MRTを利用できます。旅の終わりにたまった小銭をICカードにチャージすると身軽になる旅の裏技も覚えておいて。

▶駅数を聞く

ダオ タイ ベイ チャー ザン ハイ ヨウ ジー ザン
到台北車站還有幾站？
台北駅まで、何駅ですか？

🌸 最近は海外の方にもわかりやすいように、路線の色と番号でナンバリングされています。駅名が読めないときは使用してみて！

▶駅を聞く

チン ウェン ヤオ ザイ ナー イー ザン ジュアン バン ナン シェン
請問要在哪一站轉板南線？
板南線へは何駅で乗り換えたらいいですか？

▶駅のトイレを借りたい

ブー ハウ イー ス　ウオ シャン ジエ シー ソウ ジエン
不好意思、我想借洗手間。
すみません、トイレをお借りしたいのですが。

▶改札が開かない

ウー ファー チュー ザン
無法出站。
改札ゲートが開きません。

🌸 うっかり乗り過ごしてしまった！ そんなときは逆方向の列車に乗ればOK。改札さえ出なければ、超過料金がかかることはありません。

第14課 バスに乗る 🔊 1-18

バスに乗ったら座るか、つり革につかまりましょう。

チン ウェン ダオ ナン ジー チャン イエ シー ハイ ヨウ ジー ザン
請問到南機場夜市還有幾站？
南機場夜市はあと何駅先ですか？

ザイ リャン ザン
再兩站。
あぁ、2つ先ですよ。

🌸 ミニ解説

ICカードを利用してバスに乗車する際には、乗るとき降りるときともにカードリーダーにかざすだけです。現金で乗る際には、降りるときに料金を支払います。台湾のバスでは両替ができないので、あらかじめ小銭を準備しましょう。乗り過ごしが不安な場合、「BusTracker Taiwan」というアプリが便利！ バスがどこを走っているのか、一目瞭然です。

▶ バスの行先を確かめる

チン ウェン ザー ルー シェン ヨウ ダオ イエ リョウ マ
請問這路線有到野柳嗎？
このバスは野柳まで行きますか？

▶ 停留所を知らせてもらう

ダオ ラ ゾン サン ザン カゥ イー ガン ウオ スオー マ
到了中山站可以跟我說嗎？
中山駅に着いたら教えていただけますか？

🌸 到着したら、以下のように教えてくれます。

ダオ ラ
到〜了。
〜に到着しましたよ。

シャオ ジエ シェン セン ダオ ラ ヤオ シア チャー オ
小姐/先生〜、到了。要下車喔！
着いたので下車してください!

▶ 席を譲る

チン ズオ
請坐。
どうぞ、おかけください。

🌸 指定席に座っている場合を除き、台湾の乗り物では年配の方や妊娠中の方に積極的に席を譲ります。子どもに譲ることもありますよ。

▶ バスを降りる

ブー ハウ イー ス　　ウオ ヤオ シア チャー　　ジエ グオ イー シア
不好意思、我要下車、借過一下。
すみません、降りま〜す、通してください。

🌸 降りるときは降車ボタンを押します。運転手さんはせっかちな人が多く、まごついていると発車してしまうかも。「我要下車」か「借過（一下）」だけでも大声で叫びましょう。

Part 1 旅行のシーン別会話フレーズ

49

第15課 写真を撮る 🔊 1-20

写真を撮ってもらったり撮っていいか尋ねたりしましょう。

チン バン ウオ パイ ザオ
請幫我拍照。
写真を撮っていただけますか？

ハウ イー アー サン
好！1、2、3。
いいですよ！ いち、に、さん。

🌸 ミニ解説

台湾らしい「はい、チーズ」は、次のような写真を撮る側と撮られる側の連携プレーで成り立ちます。「地瓜葉」はサツマイモの葉で、台湾ではよく食べられます。「甜」と「葉」、どちらも口が笑顔の形になりますよ！

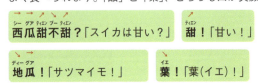

シー グア ティエン ブー ティエン
西瓜甜不甜？「スイカは甘い？」

ティエン
甜！「甘い！」

ディー グア
地瓜！「サツマイモ！」

イエ
葉！「葉（イエ）！」

▶ 撮影可能かどうか尋ねる

↗ ↩ ↘ ↘ → → ↘ ・
カゥ イー ザイ ザー ビエン パイ ザオ マ

可以在這邊拍照嗎？

ここで写真を撮ってもいいですか？

🌸 台湾ではほかのお客さんに迷惑をかけなければ撮影OKというところが多いです。お土産屋さんは撮影禁止のところも。

▶ カメラの操作を伝える

↘ ↘ → ↘ ↩
アン ザー ビエン ジョウ ハウ

按這邊就好。

ここを押すだけです。

🌸 台湾の空港は軍事施設を伴っているところもあるため、撮影が禁じられている箇所も。気をつけて！

▶ 写真を撮ってあげる

↘ → ↩ ↗ → ↘ ・
ヤオ バン ニー メン パイ ザオ マ

要幫你(們)拍照嗎？

写真を撮りましょうか？

※(們)は相手が複数のときに付け加えます。

🌸 台湾では自撮りする人も多いですが、気楽にほかの人に写真撮影をお願いします。頼まれたらいい写真を撮影してあげましょう！

▶ 撮影した写真の確認

↘ ↗ ↗ ↩ ・
ザー ヤン カゥ イー マ

這樣可以嗎？

こんな感じですけど、いいですか？

🌸 撮ってもらった写真に不満があると、「こんなふうに撮ってほしい」とストレートに2テイク目を求められることも！

Part
1

旅行のシーン別会話フレーズ

53

第16課 祭りに参加する 🔊 1-21

最も有名なお祭りは、旧暦1月15日（2月上旬〜3月上旬）に各地で開催されるランタンフェスティバル（天燈節）でしょう。

イー ズー シャン ライ ザー ビエン
一直想來這邊。
一度、来てみたかったんです。

ヘン モン フアン
很夢幻。
幻想的ですよね。

🌸 ミニ解説

現在、ランタンは幸福祈願の象徴として飛ばされます。スカイランタンフェスティバルは毎年、元宵節当日とその前後に合わせて2、3回ほど行われます。スカイランタンをほかの人たちと一緒に一斉に飛ばせば、感動もひとしお！ 自分で飛ばさなくても、幻想的な風景に心奪われることでしょう。

▶参加する

ウオ イエ シャン ティー イエン
我也想體驗。
私もやってみたいです。

🌸 スカイランタンフェスティバルでは無料で天燈上げが体験できます。早い者勝ちです。

▶祭りの説明

ゼ ガ シー チュアン トン ダ フオ ドン
這個是傳統的活動。
これは伝統的な祭りですよ。

ゼ ガ シー ズェイ ソウ フアン イン ダ フオ ドン
這個是最受歡迎的活動。
最も人気の祭りですよ。

▶トラブル

ウオ ソウ ジー ハウ シャン ディアオ ラ
我手機好像掉了。
スマホを落としてしまったみたいです。

🌸 夜市や九份などの人混みではスリに注意。何か問題があった場合は、交流協会や旅遊中心（ビジターセンター）へ。

Part 1 旅行のシーン別会話フレーズ

第17課 イベントに参加する 🔊 1-22

台湾ではサイクリングが人気です。

風景很漂亮。
フォン ジン ヘン ピャオ リャン
景色がすばらしいですね。

嗯嗯。慢慢走吧！
ウン ウン マン マン ゾウ バ
ええ。ゆっくり行きましょう！

🌸 ミニ解説

台湾では人生に一度は体験したいものとして、自転車で台湾を一周する「環島」が挙げられます。サイクリング会社や旅行社のツアーに申し込めば簡単に「環島」の夢が叶います。節約したい台湾の若者は、廟やキャンプ場で宿泊したりする方法も。体力のない私は台鉄（在来線）に乗って、「環島」できただけで嬉しかったので、自転車で「環島」できたら、それはそれは、いい思い出になるでしょう。

▶アクティビティを選ぶ

ウオ シャン バオ ミン ゼ ガ シン チェン
我想報名這個行程。
このコースに申し込みます。

🌸 ホテルによってはアクティビティを申し込めるところも。ぜひ、台湾の新たな魅力に触れてみて！

▶トイレの場所について

ゾン トゥー ヨウ シー ソウ ジェン マ
中途有洗手間嗎？
途中でトイレに行けますか？

▶ツアーに申し込む

ウオ シャン ツァン ジアー ズェイ ザオ カイ シー ダ シン チェン
我想參加最早開始的行程。
いちばん早いツアーに申し込みたいです。

ちょっと一息

トイレットペーパーをどこへ捨てるか

トイレットペーパーを便器へ捨てられる公共トイレも増えてきています。以下の各単語の意味を組み合わせて意味を導き出せば、トイレットペーパーをどうすればいいのかわかりますよ！
「請（お願いします）」「勿（ダメ）」「將（〜を）」「衛生紙（トイレットペーパー）」「丟入（捨てる）」「馬桶（便器）」「垃圾桶（ゴミ箱）」

Part 1 旅行のシーン別会話フレーズ

第18課 夜景を見る 🔊 1-23

夜景を楽しむときに使えるフレーズを紹介します。

來這邊就對吧！
来てよかったでしょう！

跟照片完全不一樣。
写真とは全然違いますね。

🌸 ミニ解説

信義区では台湾のランドマーク「台北101」が見えるお店が大人気です。台北101が最も美しく見えるという「象山」には日が暮れてから登る人もいますよ。また、昔からの夜景スポットといえば、「陽明山」も根強い人気。ゴンドラに乗って行く「猫空」にある茶芸館は深夜まで営業しているところもあり、お茶とおしゃべりを楽しみながら夜景を眺められます。

▶入場券を買う

ザイ ナー リー マイ ピャオ
在哪裡買票？
チケットはどこで買えますか?

🌸 台北101や国立故宮博物院などは券売機で入場券が買えます。チケット購入にも時間がかかるので、券売機で買うのもひとつの手です！

▶時間を確認する

ジー ディエン カイ シー ディエン ダン
幾點開始點燈？
ライトアップは何時からですか?

🌸 台北101のライトアップは曜日に応じて毎日色が変わります。
月：赤、火：オレンジ、水：黄、木：緑、金：水色、土：青、日：紫色

▶景色を楽しむ

ナー リー カゥ イー カン ダオ セン モゥ
那裡可以看到什麼？
あそこに見えるのは何ですか?

ちょっと一息

夕暮れ時の「九份」もおすすめ

「九份」は、赤い提灯が灯る夜がいちばん人気で、歩く場所もないほどごった返します。夕焼けも楽しめる16時くらいに散策して、赤い提灯が灯ってきたところで九份を去るのもおすすめです。

Part 1 旅行のシーン別会話フレーズ

第19課 感想を伝える 🔊 1-24

感動を台湾の人に伝えてみましょう。

🌸 ミニ解説

こちらが日本人だとわかると、「すごい！」のような意味合いで「一級棒（イーチーバン）」とほめてくれることも。これはもちろん日本語の「一番」の意味。一生懸命、知っている日本語を使おうとしてくれる台湾人の優しさにほっこりしますよ！

▶ 感動を伝える①

イー フー ヘン ピャオ リャン
衣服很漂亮。
衣装がとてもきれいです。

▶ 感動を伝える②

ビー ユィー チー ハイ バン
比預期還棒。
想像以上に素晴らしいです（悪くない）。

入れ替えて使える！

ザン	メイ	ツー ジー
讚	美	刺激
素晴らしい	美しい	スリリング

▶ 感動を伝える③

タイ バン ラ
太棒了！
サイコー！

ハイ シャン ザイ ライ イー ツ
還想再來一次。
また来たいです。

🌸 台湾ではFacebookを使用している人が多く、「いいね」に該当する「讚（ザン）！」から、「讚讚讚」と複数回繰り返したり、「很讚耶（ヘン ザン イエ）」のように言う人もいますよ！

Part 1 旅行のシーン別会話フレーズ

第20課 お菓子を買う 🔊1-26

お店の人に聞きながらお土産を買ってみましょう。

イー ハー ヨウ ジー ガ
一盒有幾個？
これは何個入りですか？

アー シー ガ
二十個。
20個です。

🌸ミニ解説

台湾土産の定番中の定番といえば、鳳梨酥（パイナップルケーキ）と台湾茶です。何を買えばいいか迷ったらこの2つを抑えておけば間違いなし。最近は、牛軋糖（ヌガー）をクラッカーに挟んだ「牛軋餅」も人気です。さらに日本のブランドの台湾限定品などはかなり喜ばれるので、覚えておいて！

▶人気を聞く

↘　・　↘　↗　・　↘　↗　↗　・
マイ　ダ　ズェイ　ハウ　ダ　シー　ナー　イー　ガ

賣的最好的是哪一個？

よく売れているのはどれですか?

▶個包装について聞く

↗　↗　↗　→　→　→　・　→　→
ヨウ　メイ　ヨウ　ダン　バオ　ジュアン　ダ　ドン　シー

有沒有單包裝的東西？

個包装のお菓子はありますか?

🌸 ばらまき土産では、個包装のパッケージがただの透明だと、怪しいお土産に思われてしまうので、気をつけて！

▶賞味期限を確かめる

↘　・　・　↗　↗　↗　↘　↗　↗　・
ゼ　ガ　ダ　バオ　ツゥン　チー　シエン　ヘン　ジョウ　マ

這個的保存期限很久嗎？

これ、日持ちしますか?

🌸 中華民国が樹立した1912年を元年とする「民國（ミングオ）」という年号をよく使います。民国年に1911を加えると西暦年に変換できます。

▶配送について聞く

↗　↗　↗　↘　↘　→　↘　↘　↘　↘
ナン　ブー　ナン　バー　ザー　シエ　ジー　ダオ　ファン　ディエン

能不能把這些寄到飯店？

ホテルまで配達してもらえますか?

🌸 個人経営のお店なら、店主自らホテルなどへ配送してくれるサービスもあります。困ったらダメ元でお願いしてみて！

Part
1

旅行のシーン別会話フレーズ

第21課 免税手続きをする 🔊 1-27

台湾ではさまざまなところで税金還付処置が叶います。

ウォ ヤオ バン リー トゥエイ スェイ ソウ シュー
我要辦理退税手續。
免税手続きをしたいです。

チン ラン ウォ カン フー ザオ
請讓我看護照。
パスポートを見せてください。

🌸 ミニ解説

おおまかな税金還付の条件は、台湾以外のパスポートを持っていること、同一日、同一店舗で還付対象となる商品を2000元以上購入し、90日以内に台湾外へ出ることです。デパートでの買い物はデパート内の複数のお店の購入額が合算できますし、「カルフール」などのスーパーでも免税手続きが可能。パスポートは持参しておきましょう。

▶ブランド品を買う

アイ マー ス ダ ディエン ミェン ザイ ナー リー
愛馬仕的店面在哪裡？
エルメスはどこですか？

🌸 世界的なブランドはブランド名をそのまま読むことが多く、それを当て字にしていることが多いです。

▶工芸品を買う

ウオ ザイ ザオ リー チャン シー ヨン ダ ツァン ジュー
我在找日常使用的餐具。
普段使いできる食器を探しています。

🌸 ちょっぴり懐かしいような柄の食器が観光客に人気です。

▶お酒を買う

ヨウ マイ ザイ リー ベン マイ ブ ダオ ダ ジョウ マ
有賣在日本買不到的酒嗎？
日本では買えないお酒はありますか？

🌸 台湾でお酒といえば、ウイスキーと高粱酒でしょう。クラフトビールも人気が高いです。気軽に買えるので、気に入ったらお土産にもどうぞ！

▶服を買う

カゥ イー シー チュアン マ
可以試穿嗎？
試着できますか？

Part 1 旅行のシーン別会話フレーズ

67

第22課 市場で買う 🔊 1-28

市場での買い物を楽しむフレーズを紹介します。

ウオ ズー シャン マイ イー ガ　カゥ イー マ
我只想買一個、可以嗎？
1つでも買えますか？

カゥ イー アー
可以啊～。
大丈夫ですよ～。

🌸 ミニ解説

台湾の伝統市場で売られている生鮮食品は、スーパーよりも新鮮なことが多いです。卵も1つから買えて便利です。食べ物だけでなく、服や雑貨も売っていて、流行にも敏感な品ぞろえをしていますよ。歩くだけで楽しいスポットですので、旅行時はぜひ足を運んでみてください。支払いが現金のみの場合が多いのは玉にキズかもしれません。

▶ 香辛料を買う

ウオ シャン マイ バー ジャオ
我想買八角。
八角が欲しいのですが。

🌸 台北で香辛料を買うなら「迪化街（ディーフアジエ）」がおすすめ。スーパーなら品ぞろえがよく、瓶に入っているので便利に使えます。

▶ おすすめを聞く①

ゼ ガ ヘン ベイ ルー ロウ ファン マ
這個很配滷肉飯嗎？
これはルーロー飯に合いますか？

🌸 「滷肉飯」が正しい表記ですが、「魯肉飯（ルーロウファン）」もよく見かけます。台湾中南部の「滷肉飯」は豚の角煮が載ったご飯。中南部でそぼろ肉が載っているものを食べたいなら「肉燥飯」を注文しましょう。

▶ おすすめを聞く②

ズオ タイ ワン リャオ リー ブー カウ チュエ サオ ダ ティアオ ウェイ リャオ シー ナー イー ガ
做台灣料理不可缺少的調味料是哪一個？
台湾料理に欠かせない調味料はどれですか？

🌸 台湾の味というと、八角や醤油のイメージでしょう。八角などの調味料をブレンドした五香粉を入れて煮込むと台湾らしい味になります。

▶ 空港でひっかからないかどうか

ゼ ガ カウ イー ダイ フェイ リー ベン マ
這個可以帶回日本嗎？
日本に持って帰れますか？

🌸 肉製品などの畜産物、野菜や果物は持ち込めませんが、新鮮なパイナップルだけは検査を受ければ持ち込めます。

Part 1
旅行のシーン別会話フレーズ

69

第23課 値段交渉を楽しむ 🔊1-29

大量に買うときは値段交渉をしてみましょう。

可以三個一百嗎？
カゥ イー サン ガ イー バイ マ
↗ ↷ → ・ ↘ ↷ ・

3個買いますから、100元になりませんか？

沒有辦法、最便宜就是一百五。
メイ ヨウ バン ファー　ズェイ ピエン イー ジョウ シー イー バイ ウー
↗ ↷ ↘ ↷　　　　　↘ ↘ ↗ ↘ → ↘ ↗

無茶な。引いても150元ですよ。

🌸 ミニ解説

最近はほぼ値切ることはなくなりました。ただ、ツアーで立ち寄るお土産屋さんなどはどんどん値切ってみて！ たくさん買うからまけてほしいというのはよく使う手です。

▶端数をまけてもらう

カゥ イー チュー ウェイ スー マ
可以去尾數嗎？
端数をまけてください。

🌸 個人商店なら、言わずとも端数をまけてくれることが多いです。

▶おまけをつけてもらう

ゼ ガ カゥ イー ソン ウオ マ
這個可以送我嗎？
それをおまけにつけてくださいな。

🌸 おまけしてくるお店も多い印象。八百屋さんではおまけにネギをくれることが多く、市場で食材を買っている私はネギを買ったことがほぼありません。

▶他店を見てくる

ナ モゥ ウオ チュー ビエ ジャー カン カン
那麼我去別家看看。
じゃあ、ほかのお店も見てきます。

▶お礼を言う

シエ シエ
謝謝！
ありがとうございます！

🌸 台湾で最も使うであろうフレーズ「謝謝」。なぜか日本では「シェイシェイ」と書かれますが、「シエシエ」と発音してみるべし！それだけで発音をほめられることもありますよ！

Part 1 旅行のシーン別会話フレーズ

第24課 記念写真を撮る 🔊 1-30

試したい服やメイクを伝えましょう。

→ → ↘ ↘ ↘ →
ガン イー シー ザイ ザー ビエン
更衣室在這邊。
更衣室はこちらです。

↗ ↶ → ↗ ↗
ウオ シャン チュアン チー パオ
我想穿旗袍。
チャイナドレスを着てみたいです。

🌸 ミニ解説

奇跡の1枚が撮影できる変身写真館は、台湾で楽しみたいアクティビティのひとつ。ラックにかかった衣装かアルバムから自分の着る衣装を決め、メイクをしてもらって撮影します。衣装の種類はお店によって異なるので、お店が公開しているアルバムを参考にお店を選んでみて！ 最近はチャイナドレスなどの衣装だけを貸し出すお店もあり、街に繰り出してスマホで写真を撮るのを好む方も多いです。

▶希望を伝える

↗ ↪ → ・ ↗ ↘ ↘ ↪
ウオ シャン パイ ダ フア リー イー ディエン
我想拍的華麗一點。
華やかな感じにしたいです。

🌸 「華麗」を次の単語に入れ替えて使うことができます。
宮廷時代劇風→「古装宮庭風（グージュアン ゴンティン フォン）」、かわいい→「可愛（カゥーアイ）」、清楚な→「有氣質（ヨウチーズー）」

▶カメラマンからのポージングの指定①

↘ ↘ →
カン ザー ビエン
看這邊～。
目線はこちらで～す。

🌸 変身写真館ではカメラマンさんだけが日本語を話せないということが多々あります。しかし、ポージングは簡単な言葉で教えてくれるので、心配無用！

▶カメラマンからのポージングの指定②

↘ → →
ファン チン ソン
放輕鬆。
リラックスして。

↘ ↘ ↗ ↘
ヤオ シャオ イー シャオ
要笑一笑。
笑顔で。

▶スタッフと一緒に写真を撮る

↗ ↘ ↘ ↪ → ↘ ・
カゥ イー イー チー パイ ザオ マ
可以一起拍照嗎？
一緒に写真を撮ってください。

🌸 台湾では婚紗（フンサー）と呼ばれるウェディングフォトを撮影するので、ロケ撮影が抜群に上手！ 予算に余裕があれば、ロケを体験してみて。

Part 1 旅行のシーン別会話フレーズ

73

第25課 台湾式シャンプーをする 🔊 1-31

美容院で使えるフレーズを紹介します。

ウオ シャン ズオ ザ シー トウ
我想坐著洗頭。
台湾式シャンプーを体験したいです。

🌸 ミニ解説

台湾式シャンプーと言えば、髪をピーンと立たせるのが有名ですが、最近ではハート型、恐竜、小籠包などいろいろな形を作ってくれるお店もあります。台湾の美容院で台湾式シャンプーと言っても通じないことがほとんどです。シャンプーは椅子で、すすぎはシャンプー台へ移動して行いますが、最近は日本と同じようにシャンプー台でシャンプーするところも増えてきました。

▶店員から具合を尋ねられる

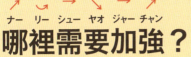

ナー リー シュー ヤオ ジャー チャン
哪裡需要加強？
どこかかゆいところはありますか？

🌸 すすいでくれるとき、耳にじゃぶじゃぶ水が入ってきますが、びっくりしないで！すすぎ後、綿棒を渡してくれるところも多いですよ。

▶答える

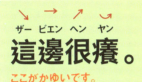

ザー ビエン ヘン ヤン
這邊很癢。
ここがかゆいです。

🌸 かゆいところがあれば指さして、このように我慢せずに伝えてください。台湾ではみんな積極的にかいてもらっていますよ。

▶店員とのセットの確認

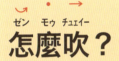

ゼン モゥ チュエイー
怎麼吹？
どのようにセットしましょうか？

🌸 昔ながらのお店ではブラシとドライヤーだけで見事にセットしてくれます。ちょっぴりレトロな髪型になるのはご愛敬。台湾マダムになりきってみてください。

チュエイ スュン ジョウ ハウ
吹順就好。
軽く乾かすだけで大丈夫です。

チュエイジュエンジョウ ハウ
吹捲就好。
カールをつけてください。

▶感想を伝える

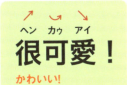

ヘン カゥ アイ
很可愛！
かわいい！

シエ シエ ヘン スー フ
謝謝。很舒服。
ありがとうございます。気持ちよかったです。

Part 1 旅行のシーン別会話フレーズ

75

第26課 漢方店に行く

症状を伝えるのに使えるフレーズを紹介します。

イー ズー リョウ ビー スェイ
一直流鼻水。
鼻水が止まりません。

ガン ジュエ ゼ ガ ペイ ファン ビー ジャオ シー ハー
感覺這個配方比較適合。
この組み合わせがよさそうです。

🌸 ミニ解説

台湾人にとって漢方は身近な存在です。そのため、少し不調なときは漢方店で自分の症状に合った漢方や漢方茶を気軽に購入することが多いですよ。本格的に調子が悪くなってきたら、中医に行き、触診・脈診・舌診などから総合的に判断して、自分に合った漢方を処方してもらいます。さらに必要に応じて鍼や整体、刮痧（かっさ）や拔罐（カッピング）を施してくれるときもあります。

▶ 症状を伝える①

スェイ　ブ　ザオ　ジャオ

睡不著覺。

寝つきが悪いです。

▶ 症状を伝える②

ソウ　ジャオ　ビン　ラン

手腳冰冷。

冷え性なんです。

▶ 症状を伝える③

ウー　ファー　シャオ　チュー　ビー　ラオ

無法消除疲勞。

疲れが取れません。

▶ 症状を伝える④

チャン　ウェイ　ヘン　ルオ

腸胃很弱。

胃腸が弱いです。

🌸 台湾には花粉症がありませんが、「有花粉症（ヨウフアフェンゼン）」と言えば通じます。

▶ のど飴を選ぶ

ヘン　ヨウ　シャオ　ダ　ホウ　タン　シー　ナー　イ　ガ

很有效的喉糖是哪一個？

よく効くのど飴はどれですか?

🌸 中華圏でのど飴と言えば、「京都念慈菴（ジンドゥー ニエンツー アン）」が有名です。台湾人にとって、個包装のシロップバージョンはカラオケの必需品！

▶ 目によいお茶を探す

ウオ　ザイ　ザオ　ドゥエイイエン　ジン　ヘン　ハウ　ダ　ハン　ファンチャー

我在找對眼睛很好的漢方茶。

目にいい漢方茶はありますか?

🌸 目によいとされる「決明子茶（ジュエ メイ ズ チャー）」はスーパーでも販売しています。麦茶のような味で飲みやすく、おすすめです。

Part 1 旅行のシーン別会話フレーズ

もっと知りたい！ 台湾

緑色のスナックの御利益

　台湾旅行中、緑色のスナックが機械のそばに置かれている姿を見るでしょう。このスナックは「乖乖」。台湾華語で「乖乖（グァイ グァイ）」は「いい子、いい子」という意味で、子どもに言いかせるときに使います。そのため、「乖乖」を機械のそばに置いておくと、機械がいい子にしていてフリーズしないと言われているのです。

　信じられないと思いますが、世界の半導体産業をリードする台湾企業の機械にももちろんこの「乖乖」が守護神として置かれていますし、コンビニやスーパー、レストランなど、ありとあらゆるところで見かけます。

　台湾の機械の守護神と信じられている「乖乖」ですが、気をつけなければいけないことがあります。それは必ず緑色の「乖乖」でないと効き目がないということ。というのも、青信号（緑色）は正常に動いているという意味だからです。味によりさまざまな色のパッケージがありますが、黄色や赤色では効果がありません。そして、賞味期限が切れてもいけませんし、ネズミなどに食べられてしまってもいけません。もちろん、空腹に負けて袋を開けて食べてしまってもいけません。

　台湾で最も信じられていると言っても過言ではない「緑の乖乖」文化。旅行中に探して感じてみてはいかがでしょうか。

Part 2
基本&トラブル時会話フレーズ

こんにちは／さようなら

🔊 2-01

出会いと別れのあいさつを覚えましょう。

🌸 ミニ解説

「你好」は、朝でも夜でも使える便利なあいさつです。目上の人には「您好（ニンハウ）」を使います。「おやすみなさい」は「晩安（ワンアン）」と言います。

▶呼びかけてあいさつ

リー シェン セン ニン ハウ
李先生您好。
李さん、こんにちは。

▶朝のあいさつ

ダー ジャー ザオ アン
大家早安。
皆さん、おはようございます。

▶呼びかけ

🌸 台湾の人々は、日本人が「〜さん」と言うことを知っているので、「〜桑（サン）」を使っても大丈夫です。

▶別れのあいさつ（「機会があれば」というような意味合い）

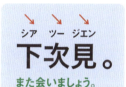

▶別れのあいさつ（近々会う間柄の場合）

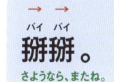

🌸 上で紹介した「下次見」も使えます。

第2課 すみません 🔊 2-02

謝るときの表現を覚えましょう。

🌸 ミニ解説

台湾人はぶつかってしまったときなど、日本人と同じように謝ります。そういう感覚はとても似ています。
ぶつかられて、謝られたら「沒關係（メイ グアン シー）」と伝えれば、お互い気分が悪くなることはないでしょう。

▶ 謝る

↘ ↩ ↘ •
ブー ハウ イー ス
不好意思。
ごめんなさい。

🌸 謝る相手が自分に何かをしてくれた
のに、それに応えられない場合は「對
不起」、自分の行動が迷惑をかけて
しまったときは「不好意思」と使い
ます。ただ、台湾人はexcuse me
の意味でも「不好意思」を使い、台
湾だと「不好意思」を聞く場面が多
いです。そのため、「對不起」と言
うとびっくりされることもあります。

↘ ↘
バオ チエン
抱歉。
申し訳ありません。

🌸 「對不起」よりもビジネ
スシーンなど、改まった
場面で使われます。

Part 2

基本&トラブル時 会話フレーズ

▶ 許す

↗ ↘ ↗
メイ ウェン ティー
沒問題。
問題ありませんよ。

↗ → →
メイ グアン シー
沒關係。
もう気にしないでください。

ちょっと一息

台湾人は気軽に「沒關係（メイ グアン シー）」を使います。日本語
で言う「大丈夫！」のようなニュアンスで、相手のミスなどに対し
て「気にしないでね！」と言うときに使います。やせ我慢で使うこ
とも多いです。有名な映画に「女性が大丈夫だと言うときは大丈夫じ
ゃないんだよ！」というセリフが出てきて、流行したこともありま
した。

83

第3課 ありがとう 🔊 2-03

お礼を言うときの表現を覚えましょう。

シェ シェ
謝謝。
ありがとうございます。

🌸 ミニ解説

台湾人のおばちゃんは「謝謝唷（セッセーヨー）」と発音することが多く、かわいいです。真似して発音してみると、台湾人にバカ受け！ とても台湾らしい発音のようです。ただ、なぜかおばちゃんしかこの発音をしません。

▶ 深くお礼を言う

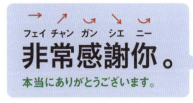

フェイ チャン ガン シェ ニー
非常感謝你。
本当にありがとうございます。

▶ お礼を言われたとき

ブー ヨン カゥ チー
↗ ↘ ⌒ ↘
不用客氣。
どういたしまして。

🌸 「不客氣（ブーカゥチー）」だけでも通じますよ！

▶ 相手から何かすすめられる

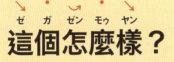

ゼ ガ ゼン モゥ ヤン
↘ • • ↘
這個怎麼樣？
これ、いかがですか？

▶ 親切を受け取るとき、断るとき

シエ シエ
↘ •
謝謝。
ありがとうございます。

ブー ヨン シエ シエ
↗ ↘ ↘ •
不用、謝謝。
いえ、けっこうです。

🌸 台湾では日本のアニメや漫画、ドラマなどが浸透していることもあり、やってはいけないジェスチャーなどはありません。通じないジェスチャーもありますが、嫌な思いをさせることはなく、そのジェスチャーは何？と興味を持ってもらえることのほうが多いです。

ちょっと一息

台湾華語が話せない友人いわく、「台湾では『謝謝』だけ覚えていれば生きていける」。親切な台湾人にばかり会い、感謝を伝えたい場面がとても多かったのだとか。「謝謝」は感謝の気持ちを伝えるだけではありません。何かを断るとき、最後に「謝謝」をつけて和らげる作用もあります。強い口調で「謝謝」と言うと、慇懃無礼な感じが出ることも！

第4課 いいですか？／大丈夫です
🔊 2-04

何かしてもよいかどうか、確認する表現を覚えましょう。

可以拍照嗎？
カゥ イー パイ ザオ マ
写真を撮ってもいいですか？

🌸 ミニ解説

日本人が「お名前を聞いてもいいですか？」とか「ちょっと質問をしてもいいですか？」と言うような場面では、直接、「お名前は何と言いますか？」と聞いたり、質問内容をぶつけたりするほうが多いです。

▶ 名前を尋ねる

請問你叫什麼名字。
チン ウェン ニー ジャオ セン モゥ ミン ズ
お名前は何ですか？

▶スマホの使用可否を尋ねる

カゥ イー ヨン ソウ ジー マ
可以用手機嗎？
スマホを使ってもいいですか？

入れ替えて使える！

カン **看** 見ても	ウェン **問** 聞いても	スオ **坐** 座っても
モー **摸** 触っても	ジン チュー **進去** 入っても	ナー **拿** 取っても

▶「よい」と答える

メイ ウェン ティー
沒問題。
大丈夫ですよ。

カゥ イー
可以！
いいですよ!

▶「だめ」と答える

ブー ファン ビエン
不方便。
困ります。

ブー シン
不行。
いけません。

第5課 はい／いいえ 🔊 2-05

「はい」「いいえ」で答える表現を覚えましょう。

🌸ミニ解説

中国語の疑問文で、「いつ」「どこ」「何」「誰」のような疑問詞のない中国語の質問に「はい」と答えるときは、(助) 動詞で答えればOKなんです。「可以嗎？（カゥイーマ）できますか？」と聞かれたら「可以（カゥイー）できます」と答えるだけです。

▶肯定的な返答

可以。
できます。

知道了。
わかりました。

當然。
もちろんです。

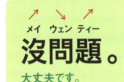
沒問題。
大丈夫です。

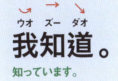
我知道。
知っています。

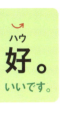
好。
いいです。

▶否定的な返答

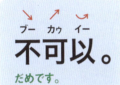
不可以。
だめです。

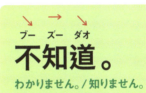
不知道。
わかりません。/知りません。

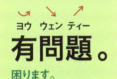
有問題。
困ります。

不好。
だめです。

不行。
だめです。

ちょっと一息

質問と答えの文型

質問するときの文型に、動詞や助動詞、形容詞の「肯定と否定を並列させる」形があります。例えば「いいですか？」と聞くときに「好不好？（ハウブーハウ）」と言うようなパターンです。「はい」と答えるときは「肯定」部分の「好（ハウ）」、「いいえ」と答えるときは「否定」部分の「不好（ブーハウ）」を使って答えるだけです。

第6課 あいづち／ほめる

話を聞いてあいづちをうったりほめたりする表現を覚えましょう。

シー オー
是喔。
そうなんですね。

🌸 ミニ解説

ほかによく使うあいづちとして「嗯嗯（ウンウン）」「是是（シーシー）」などもあります。「是是」の台湾語バージョン「へーへー」と言う人もいます。ただ、無理せずうなずいておけば間違いありません。日本人らしく大げさに「えー」「おー」などと言えば、ドラマやアニメを見ているようだと、とても喜ばれます。

▶肯定的なあいづち

ゼン ダ ヘン バン
真的很棒。
本当に素晴らしいですね。

🌸 強く同意したいときには「嗯啊（ンガー）」や、台湾語の「對阿（ヘアー）」を使うこともあります。

▶ 驚いて言う

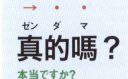

真的嗎？
本当ですか？

▶ 若者言葉

真的假的！
本当に！

真假！
ガチで！

▶ 話の先を促す

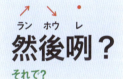

然後咧？
それで?

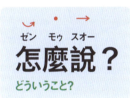

怎麼說？
どういうこと?

入れ替えて使える！

很好
いいですね

很驚訝
驚きますね

好期待
楽しみですね

很困擾
困りますね

很糟
ひどいですね

很擔心
心配ですね

Part 2 基本&トラブル時会話フレーズ

第7課 いくら？／いつ？ 🔊 2-07

値段や時期を尋ねる表現を覚えましょう。

↘ ・ → ↻ ↗
ゼ ガ ドゥオ サオ チエン
這個多少錢？
これ、いくらですか？

🌸 ミニ解説

市場では重さで値段を聞くことが多いです。台湾で1斤は600gです。1kgなら1公斤を使います。

入れ替えて使える！

↘ ・ ナー ガ **那個** それ・あれ	↘ → ザー シエ **這些** これら	↘ → ナー シエ **那些** それら・あれら	↻ ↻ ゾン ゴン **總共** 全部で
↗ ・ イー ガ **一個** 1つで	↗ → イー ジン **一斤** 1斤(600g)	→ ↘ ゴン カゥ **(公)克** g(グラム)	↘ ↗ イー リャン **一兩** 1両(37.5g)

※公を省略することもあります

92

▶ 値段を聞く

ゼン モゥ マイ
怎麼賣？
いくらですか？

🌸 左ページの表現のほかに、これもよく使います。

▶ 開店時間を聞く

ジー ディエン カイ メン
幾點開門？
開店は何時ですか？

🌸 台湾では開店時間はあってないようなもの。時間に余裕を持って、店を訪れましょう。

▶ 開始時期を聞く

ゾウ ニエン チン セン モゥ シー ホウ カイ シー
週年慶什麼時候開始？
セールはいつからですか？

🌸 台湾の各デパートの創業祭（週年慶）は大体10月前後に開催されます。買い物の予定があるなら、デパートでのお買い物を楽しむとお得かもしれません。

ちょっと一息

台湾の「1つ買うと1個プラス」

台湾でよく見かける「買一送一（マイイー ソンイー）」。これは、1つ買うと1つプレゼントということです。ちなみに「買地送屋（マイディー ソンウー）」（土地を買うと建物もついてくる）というような使い方もします。

第8課 どこ？ 🔊 2-08

場所を聞くときの表現を覚えましょう。

チャー ザン ザイ ナー リー
車站在哪裡？
駅はどこですか？

入れ替えて使える！

ジー チャン チャー ザオ フー ザン
計程車招呼站
タクシー乗り場

ジン チャー ジュー
警察局
交番

シー ソウ ジエン
洗手間
トイレ

ルー コウ
入口
入り口

ズー ドン ソウ ピャオ ジー
自動售票機
券売機

ザー リー
這裡
（地図を見せながら）ここ

🌸 ミニ解説

タクシーに乗る、チケットを買うなどと目的がはっきりしているときは、「在哪裡坐計程車？（ザイナーリー ズオ ジーチャンチャー）どこでタクシーに乗りますか？」、「在哪裡買票？（ザイナーリー マイピャオ）切符はどこで買いますか？」と言いましょう。

94

▶駅の場所を聞く

ズェイ ジン ダ ジエ ユェン ザン ザイ ナー リー
最近的捷運站在哪裡？
いちばん近いMRTの駅はどこですか？

🌸 台鉄なら「車站（チャー ザン）」と言います。

▶休む場所を聞く

ヨウ カゥ イー ショウ シー ダ ディ ファン マ
有可以休息的地方嗎？
休める場所がどこかにありますか？

▶出身地を聞く

ニー ツォン ナー リー ライ
你從哪裡來？
出身はどこですか？

▶行きたい場所を聞く

ニー シャン チュー ナー リー
你想去哪裡？
どこに行ってみたいですか？

Part 2 基本&トラブル時会話フレーズ

第9課 〜はありますか？ 🔊 2-09

ショッピングや街歩きで使えるフレーズです。

ニー ヨウ ヘイ サー ダ マ
你有黑色的嗎？
黒色のはありますか？

入れ替えて使える！

バイ サー
白色
白色

ホン サー
紅色
赤色

フェン ホン サー
粉紅色
ピンク色

ラン サー
藍色
青色

リュィ サー
綠色
緑色

カー フェイ サー
咖啡色
茶色

ジュウ サー
橘色
オレンジ色

フアン サー
黃色
黄色

▶目当ての商品などの有無を聞く

ヨウ メイ ヨウ ゼ ガ
有沒有這個？
これ、ありますか？

入れ替えて使える！

ニュィー センダ
女生的
女性用

ナン センダ
男生的
男性用

シャオ ハイ ダ
小孩的
子ども用

ザイ ダー イー ディエン ダ
再大一點的
もう少し大きいサイズ

ザイ シャオ イー ディエン ダ
再小一點的
もう少し小さいサイズ

ツァー エロォ
叉L
XLサイズ

🌸 XS、S、M、L、XLはそのまま英語を使います。ただ、日本語よりも欧米気味の発音ですので、恥ずかしがらず発音してみてください。「X」だけは×（バツ）を意味する「叉（ツァー）」と発音します。

▶ATMがあるかどうか聞く

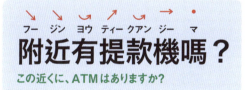
フー ジン ヨウ ティー クアン ジー マ
附近有提款機嗎？
この近くに、ATMはありますか？

▶日本語ができる人がいるかどうか聞く

ヨウ メイ ヨウ フェイ ジャン リー ウェン ダ レン
有沒有會講日文的人？
日本語のわかる方、いらっしゃいますか？

第10課 できます／できますか？

🔊 2-10

「できる」「できない」の表現を覚えましょう。

ウオ フェイ ジャン イー ディエンディエン ダ ゾン ウェン
我會講一點點的中文。

台湾華語（中国語）は少しだけできます。

🌸 ミニ解説

台湾では台湾らしい中国語のことを「台灣國語」といいます。「台湾華語」とは日本での呼び方です。普段は、中国語という意味の「中文」という言い方をします。また、台湾の中だけでもいくつかの言語が使われているためか、言語能力が高い人がとても多いです。日本語や英語もよく通じます。

▶日本語は話せない

ウオ ブー フェイ ジャン リー ウェン
我不會講日文。

私は日本語はできません。

▶ お代わり可能

↗ ↘ ↘ →
カゥ イー シュー ジアー
可以續加。
お代わりできます。

🌸 これはどんな状況でも使える表現です。コップ類なら「續杯（シューベイ）」、碗物なら「續碗（シューワン）」というふうに「續」の後ろに数詞を足して言うのが一般的です。

▶ 取り換え可能

↘ ↗ → ↗ ↘ ↘
ヨウ シャー ツー ツァイ ナン フアン
有瑕疵才能換。
不良品に限って取り換えできます。

🌸 旅行中の買い物では、その場で問題がないかを確かめ、何かあれば遠慮せず伝えましょう！

▶ いつならできるか

↗ ・ ↗ ↘ ↗ ↗ ↘ ↘
セン モゥ シー ホゥ ツァイ カゥ イー ズオ
什麼時候才可以做？
いつならできますか?

▶ できない

↘ ↗ ↘ ↘ ・
ブー ナン ズオ ゼ ガ
不能做這個。
それはできません。

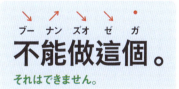

第11課 〜したいです 🔊 2-11

したいことを伝える表現を覚えましょう。

🌸 ミニ解説

台湾では日本のように遠回しに言っても通じません。「きついかな？」と思うくらい、はっきりすっきり伝えるのがベターです。

▶休みたいと伝える

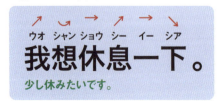

▶行きたい場所を伝える

ウオ シャン チュー ザー ビエン カン カン
我想去這邊看看。
ここに行ってみたいです。

🌸 発音が難しい場所などは、地図などを見せながらこう言うといいでしょう。

▶マッサージをしてもらいたい

ウオ シャン チュー アン モー
我想去按摩。
マッサージに行きたいです。

🌸「行く」は「去（チュー）」と言います。

▶お土産を買いたい

ウオ シャン マイ バン ソウ リー
我想買伴手禮。
お土産を買いたいです。

🌸「伴手禮」の前に「人気の（很受歡迎的/ヘン ソウ フアン イン ダ）」などとつけると、買いたいものをより具体的に指定できます。

▶願望を伝える

ウオ シャン スオー ダ ガン ハウ
我想說得更好。
もっと話せるようになりたいです。

第12課 〜してください 🔊 2-12

何かお願いしたいときの表現を覚えましょう。

チン バン ウオ シエ ザイ ザー ビエン
請幫我寫在這邊。
ここに書いてください。

🌸ミニ解説

買い物などでは、数字を聞き取るのは難しいものですね。支払い額がわからないときは、大きめのお金を出してお釣りをもらったり、持っている小銭を見せて相手に取ってもらってもいいでしょう。小銭が貯まってきたら、ICカードにチャージして持ち歩くと軽くて便利です。

▶もう一度言ってもらう

チン ザイ スオー イー ツー
請再說一次。
もう一度言ってください。

🌸「言う、話す」は「說（スオー）」と言います。

▶ ゆっくり言ってもらう

チン スオー マン イー ディエン
請說慢一點。
もっとゆっくり話してください。

🌸 「ゆっくり」は「慢（マン）」と言います。

▶ やり方を聞く

チン ガオ スー ウオ ゼン モゥ ズオ
請告訴我怎麼做。
どうやるか教えてください。

▶ 通してもらう

ブー ハウ イー ス　ジエ グオ イー シア
不好意思、借過一下。
すみませんが、通してください。

🌸 ただ、乗り物に乗っていて降りる際には、扉が閉まってしまうことも。「借過」だけでも通してもらえるので、閉まりそうだというときは「借過」と大きな声で伝えましょう。

▶ 窓を開けてもらう

チン バン ウオ カイ チュアン フー
請幫我開窗戶。
窓を開けてください。

103

第13課 〜しないでください 🔊 2-13

しないでほしいことを伝える表現を覚えましょう。

チン ブー ヤオ チョウ イエン
請不要抽菸。
たばこを吸わないでください。

入れ替えて使える！

サー イン **攝影** 撮影する	ティン チャー **停車** 駐車する	ジン ライ **進來** 立ち入る
ヨン ソウ モー **用手摸** 手を触れる	イン シー **飲食** 飲食する	ディオウ ラー サー **丟垃圾** ごみを捨てる

🌸「攝影（サーイン）」は写真にも動画にも使えます。写真の場合は「拍照（パイザオ）」、動画の場合は「錄影（ルーイン）」と言います。

▶飲食店で辛さを選ぶ

ヤオ ブ ヤオ ラー
要不要辣？
辛くしますか？

さまざまなお店で辛くするかどうか聞かれますので、この表現はぜひとも覚えてください。

ブー ヤオ ラー
不要辣。
辛くしないでください。

ヤオ ラー
要辣。
辛くしてください。

▶マッサージ店で①

チン ブー ヤオ タイ ダー リー
請不要太大力。
あまり強くしないでください。

せっかくマッサージを受けるなら、強さの希望などをその場できちんと伝えましょう！

▶マッサージ店で②

チン バン ウオ アン ダー リー イー ディエン
請幫我按大力一點。
もう少し強くしてください。

▶勧誘を断る

チン ブー ヤオ ザー ヤン ウオ ヘン クン ラオ
請不要這樣、我很困擾。
しつこくしないでください。

第14課 トラブル時 🔊 2-14

困ったときに使える表現を覚えましょう。

※体のパーツを表す単語は139ページにあります。

トウ ↗ トン ↘
頭痛。
頭が痛いです。

🌸 ミニ解説

具合が悪くなったときは、我慢せずに早めに医師に診てもらいましょう。ホテルにいたらレセプション（フロントデスク）へ、ツアーに参加している場合は添乗員さんに伝え、病院を探してもらうのもいいでしょう。

▶ 不調を伝える

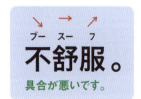

ブー↘ スー→ フ↗
不舒服。
具合が悪いです。

シャン↪ トゥー↘
想吐。
吐きそうです。

▶ 道に迷ったら

↗ ↘ ・
ミー ルー ラ
迷路了。
道に迷いました。

🌸 台湾人は気軽に道を聞きます。我々も台湾人にならって、気軽に道を聞きましょう。親切に教えてくれますよ。

▶ 友人とはぐれたら

↗ ↗ ↘ ↷ ↘ ・
ハン ポン ヨウ ゾウ サン ラ
和朋友走散了。
友人とはぐれました。

🌸 はぐれてしまったらホテルに戻るなど、あらかじめルールを決めておくといいでしょう。スマホが通じない場所ではぐれてしまうこともあるので、その場合は冷静に電波の届く場所へ移動してみて！

↗ ↷ ↗ ↘ ・
ポン ヨウ ブー ジエン ラ
朋友不見了。
友人がいなくなりました。

▶ 財布を落としたら

↗ → ↘ → ・
チエン バオ ノン ディオウ ラ
錢包弄丟了。
財布を落としました。

🌸 落とし物をしたときは、インフォメーションセンターに行くか、交番か警察署に行きましょう。スリの被害でない場合は、返ってくることが多いです。

▶ 緊急事態

↘ ↘ ・
ジョウ ミン ア
救命啊！
助けてください！

🌸 台湾在住15年以上、このフレーズを使う場面に出遭っていません。それくらい治安がいい台湾ですが、万が一このフレーズを言うことがある場合は、とにかく逃げましょう！

Part
2
基本&トラブル時会話フレーズ

もっと知りたい！ 台湾

台湾の人が
リアルに食べている朝ご飯

　台湾旅行の楽しみのひとつはなんといっても「食」。美食大国「台湾」には、おいしいものがたくさんあります。「鹹豆漿（シェンドウジャン）」もそのひとつ。サクラエビ、ザーサイや大根の漬物、「油條（ヨウティアオ）・揚げパン」を入れたお碗に温かい豆乳とお酢を加えて最後にごま油を足した食べ物で、おぼろ豆腐のようなものです。日本では、台湾を紹介する雑誌やインターネット記事で「鹹豆漿は台湾人定番の朝ご飯」と紹介されていますが、実は台湾人はあまり食べたことがありません。日本の友達にすすめられて初めて食べた、なんていう人も多いのです。

　では、台湾人が本当に食べている朝ご飯は何でしょうか。それはパン屋や中華菓子屋、そして洋食系の朝ご飯屋で売られている「サンドウィッチ」です。これに紅茶やコーヒー、豆乳を合わせて軽く済ませる人が多いです。中華系のメニューの中では、層になったパリパリの焼きパン「燒餅（サオビン）」が人気で、これにたまごや油條をはさんで食べることが多いです。さらに朝からニンニクのにおいをぷんぷんさせながら「麺線（ミェンシェン）・台湾風そうめん」を食べる人も！　ちなみに私のおすすめは、ハッシュドポテトをはさんだ台湾風クレープ「薯餅蛋餅（シュービンダンビン）」。ぜひお試しを！

Part 3

シーン別
イラスト単語集

第1課 食堂

🔊 3-01

第2課 カフェ
🔊 3-02

ドゥ ファ
豆花
トウファ （豆腐プリン）

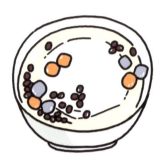

シン レン ドゥ フ
杏仁豆腐
杏仁豆腐

シュエ ファ ビン
雪花冰
ふわふわかき氷

ホン ドゥ タン
紅豆湯
小豆のおしるこ

112

↘ → ↗
ディー グア チョウ
地瓜球
サツマイモボール

↘ → ↗ ↘
ムー グア ニョウ ナイ
木瓜牛奶
パパイヤミルク

↗ ↘ ↘ ↘ →
グー ザオ ウェイ ダン ガオ
古早味蛋糕
台湾カステラ

→ ↘ →
ジー ダン ガオ
雞蛋糕
ベビーカステラ

第3課 夜市
🔊 3-03

第4課 移動
🔊 3-04

ガオ ティエ
高鐵
台湾新幹線

ザン ウー ユェン
站務員
駅員

ザー メン
閘門
改札

→ ↘
チン グェイ
軽軌
ライトレール

↘ ↗
ユエ タイ
月台
プラットホーム

Part 3 シーン別イラスト単語集

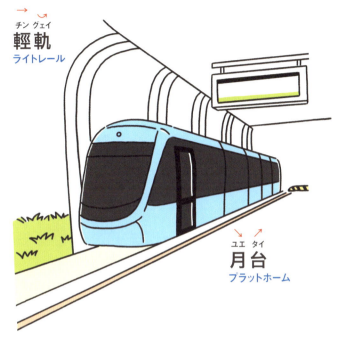

↗ ↘
タイ ティエ
台鐵
在来線（台鉄）

第5課 観光

🔊 3-05

ヨン カン ジエ
永康街
永康街

ゾン リエ ツー
忠烈祠
忠烈祠

ロン サン スー
龍山寺
龍山寺

マオ コン
貓空
猫空

ディー フア ジエ
迪化街
迪化街

ジョウフェン
九份
九份

ダン スェイ
淡水
淡水

ベイ トウ ウェンチュエン
北投温泉
北投温泉

第6課 コンビニ
🔊 3-06

三明治 (サン ミン ズー)
サンドウィッチ

沙拉 (サー ラー)
サラダ

麺包 (ミェン バオ)
パン

便當 (ビェン ダン)
お弁当

熱狗 (ルァー ゴウ)
ホットドッグ

120

第7課 スーパー
🔊 3-07

第 8 課 土産 ①
🔊 3-08

フォン リー スー
鳳梨酥
パイナップルケーキ

リュィ ドウ ポン
緑豆椪
緑豆あんの月餅

ニョウ ガー タン
牛軋糖
ヌガー

ダン ジュエン
蛋捲
エッグロール

ドン ディン ウー ロン チャー
凍頂烏龍茶
凍頂ウーロン茶

ウェイ シ ジー
威士忌
ウイスキー

チャー フー
茶壺
急須

マー カー ベイ
馬克杯
マグカップ

ウー ユィ ズ
烏魚子
からすみ

Part 3 シーン別イラスト単語集

第9課 土産②
🔊 3-09

肥皂 フェイ ザオ
せっけん

護手霜 フー ソウ シュアン
ハンドクリーム

白花油 バイ ファ ヨウ
ハッカオイル

緑油精 リュィ ヨウ ジン
グリーンオイル

保養品 バオ ヤン ピン
コスメ

126

よく使う動詞 🔊 4-01

↘ チュー	↗ ライ	↗ ゾウ	↩ パオ	↗ フェイ	→ バン
去	來	走	跑	回	幫
行く	来る	歩く・行く	走る	戻る	助ける
↘ ザン	↘ ズオ	↘ カン	→ ティン	→ スオー	↗ ジャン
站	坐	看	聽	說	講
立つ	座る	見る	聞く	言う	話す
→ ツー	→ ハー	↗ ウェン	↩ シエ	↘ ウェン	↘ シャン
吃	喝	聞	寫	問	想
食べる	飲む	かぐ	書く	聞く	思う
↩ ヨウ	↘ ゲイ	↘ ヤオ	↘ ザイ	↘ ダオ	↘ チャン
有	給	要	在	到	唱
ある	与える・あげる	必要だ	いる・ある	到着する	歌う
↘ シャオ	↘ アイ	↗ ダー	↘ スオ	↘ ドン	↘ ファン
笑	愛	打	做	動	放
笑う	愛する	打つ・叩く	する	動く	放つ
→ ツー	↘ ジン	↗ ナー	↘ マイ	↘ マイ	↘ ソン
出	進	拿	買	賣	送
出る	入る	持つ・つかむ	買う	売る	届ける・贈る
↘ スイ	↗ チー ↗ チュアン	↘ グアン	→ フア	↩ シー ↘ ファン	↗ ジエ
睡	起床	逛	花	喜歡	借
寝る	起きる	ぶらぶらする	使う・費やす	好き	借りる・貸す
→ チュアン	→ カイ	→ グアン	→ ラー	↗ ジュエ・↗ ダ	↩ ドン
穿	開	關	拉	覺得	懂
着る	開く・開ける	閉まる・閉める	引く	思う	わかる

128

よく使う形容詞 🔊4-02

ピャオ リャン **漂亮** 美しい・見事だ	メイ **美** 美しい	ダー **大** 大きい	シャオ **小** 小さい	ドゥオ **多** 多い	サオ **少** 少ない
ガオ **高** 高い	ディー **低** 低い	アイ **矮** （背が）低い	チャン **長** 長い	ドゥアン **短** 短い	ジョウ **久** （時間が）長い
シン **新** 新しい	ジョウ **舊** 古い	ジン **近** 近い	ユエン **遠** 遠い	チン チュー **清楚** はっきりしている	ファン ビェン **方便** 便利だ
セン **深** 深い	チエン **淺** 浅い	グイ **貴** 高価だ	ビエン イー **便宜** 安い	リャン **亮** 明るい	アン **暗** 暗い
ザオ **早** 早い	ワン **晚** （時刻・時間などが）遅い	ルァー **熱** 暑い	ラン **冷** 寒い	タン **燙** 熱い	ビン **冰** 冷たい
シン フー **幸福** 幸せだ	ユー クアイ **愉快** 愉快だ	ラオ **老** 年をとっている	ニエン チン **年輕** 若い	クアイ **快** 速い	マン **慢** （速度が）遅い・のろい
ゾン **重** 重い	チン **輕** 軽い	スン リー **順利** 順調な	スー フー **舒服** 心地よい・気持ちいい		
ヨウ ミン **有名** 有名だ	ゾン ヤオ **重要** 重要だ	トン **痛** 痛い	ウエイ シエン **危險** 危険だ		

付録 よく使う動詞／よく使う形容詞

よく使う副詞 🔊 4-03

クアイ **快** もうすぐ	ザイ **再** 再び	ツァイ **才** ようやく・たった今	ジョウ **就** すぐに	ドウ **都** すべて・みんな	ハイ **還** 相変わらず・やはり
チャンチャン **常常** いつも・常に	ビー ジャオ **比較** 比較的	ジュー ラン **居然** 意外にも	ダー ガイ **大概** たぶん・恐らく	ツォン ライ **從來** 今まで	ヨウ ディエン **有點** 少しだけ
チャーディエン **差點** もう少しで	ガン クァイ **趕快** 急いで・早く	ダン ラン **當然** もちろん	ツォン シン **重新** もう一度・新しく	グオ ラン **果然** 案の定・やっぱり	シエン **先** まず
ディー チュエ **的確** 確かに	フェイ チャン **非常** とても・非常に	ジン リャン **儘量** できる限り	ミン ミン **明明** 明らかに	ジー フー **幾乎** ほとんど・ほぼ	スン ビェン **順便** ついでに
スェイ シー **隨時** いつでも	チェン ワン **千萬** くれぐれも・必ず	ガン ガン **剛剛** ちょうど・～したばかり	ゾン ユー **終於** ついに	マン マン **慢慢** ゆっくり	ゾン シー **總是** いつも
ズー サオ **至少** 少なくとも	チュエ シー **確實** 確かに・確実に	コン バー **恐怕** おそらく	ゾン ゴン **總共** 全部で	ター ディー **特地** わざわざ	ズー ハウ **只好** やむを得ず
ズー シー **只是** ただ～するだけ	イー ジン **已經** すでに	トゥ ラン **突然** 突然に			
イー ディン **一定** 必ず	イー ズー **一直** ずっと	イー ゴン **一共** 合計で・合わせて			

よく見る標識／看板／表示 🔊4-04

請勿停車
チン ウー ティン チャー
駐車禁止

行人靠右
シン レン カオ ヨウ
歩行者は右側通行

小心地滑
シャオ シン ディー ファ
滑るから気をつけて

禮讓行人
リー ラン シン レン
歩行者優先

禁止進入
ジン スー ジン ルー
進入禁止

上下車請刷卡
サン シア チャー チン スア カー
乗車時・降車時の「2回タッチ」をお願いします

小心輕放
シャオ シン チン ファン
取扱注意

小心扒手
シャオ シン パー ソウ
スリに注意

禁止觸碰／觸摸
ジン スー チュー ポン チュー モー
触らないでください

室內禁煙
シー ネイ ジン イエン
室内禁煙

買一送一
マイ イー ソン イー
1つ買ったらもう1つプレゼント

請靠卡
チン カオ カー
カードを読み取りリーダーにかざしてください

內用有低消
ネイ ヨン ヨウ ディー シャオ
イートインはミニマムチャージあり

第二杯半價
ディー アー ベイ バン ジャー
2杯目は半額

本店免用統一發票
ベン ティエン ミエン ヨン トン イー ファー ピァオ
当店はレシート発行を免除されています

付録
よく使う副詞／よく見る標識／看板／表示

131

気象を表す言葉 🔊 4-05

チンティエン **晴天** 晴れ	インティエン **陰天** 曇り	ユィ **雨** 雨
ダー チン ティエン **大晴天** 快晴	タイ フォン **颱風** 台風	(シア) シュエ **(下)雪** 雪(が降る)
(シア) ユィ **(下)雨** 雨(が降る)	ユィ ティン **雨停** 雨が止む	フォン ヘン チャン **風很強** 風が強い
ルアー **熱** 暑い	ラン **冷** 寒い	ウェン ヌアン **溫暖** 暖かい
リャン クアイ **涼快** 涼しい	メン ルアー **悶熱** 蒸し暑い	ガン ザオ **乾燥** 乾燥している
チョウ ラオ フー **秋老虎** 残暑	メイ ユィ **梅雨** 梅雨	チン ペン ダー ユィ **傾盆大雨** どしゃぶり
ダー レイ **打雷** 雷が鳴る	ドン ベイ ジー フォン **東北季風** 北東から吹く季節風	ゾン スー **中暑** 熱中症
マオ マオ ユィ **毛毛雨** 小雨		

132

職業／役職 🔊 4-06

公司員工 (ゴン スー ユエン ゴン)
会社員

公務員 (ゴン ウー ユエン)
公務員

店員 (ディエンユエン)
店員

老師 (ラオ シー)
教師

律師 (リュー シー)
弁護士

藝術家 (イー スー ジャー)
芸術家

醫生/醫師 (イー セン イー シー)
医師

護理師 (フー リー シー)
看護師

藥師 (ヤオ シー)
薬剤師

保姆 (バオ ムー)
ベビーシッター

看護 (カン フー)
介護士

設計師 (サー ジー シー)
デザイナー

藝人 (イー レン)
芸能人

總經理 (ゾン ジン リー)
社長（CEO）

經理 (ジン リー)
部長（マネージャー）

約聘人員 (ユエ ピン レン ユエン)
派遣社員

網站工程師 (ワン ザン ゴン チェン シー)
ウェブエンジニア

顧問/心理諮詢師 (グー ウェン シン リー スー シュン シー)
カウンセラー

接案人員/自由業 (ジエ アン レン ユエン スー ヨウ イエ)
フリーランス

付録　気象を表す言葉／職業／役職

数字 🔊4-07

リン **零** 0	シー **十(拾)** 10	アー シー **二十** 20
イー **一(壹)** 1	シー イー **十一** 11	ウー シー **五十** 50
アー **二(貳)** 2	シー アー **十二** 12	イー バイ **一百(佰)** 100
サン **三(参)** 3	シー サン **十三** 13	リャン バイ **兩百** 200
スー **四(肆)** 4	シー スー **十四** 14	サン バイー **三百** 300
ウー **五(伍)** 5	シー ウー **十五** 15	イー チエン **一千(仟)** 1,000
リョウ **六(陸)** 6	シー リョウ **十六** 16	リャン チエン **兩千** 2,000
チー **七(柒)** 7	シー チー **十七** 17	サン チエン **三千** 3,000
バー **八(捌)** 8	シー バー **十八** 18	イー ワン **一萬** 10,000
ジョウ **九(玖)** 9	シー ジョウ **十九** 19	リャン ワン **兩萬** 20,000

助数詞／単位 🔊 4-08

ゴン カゥ **公克** g（グラム）	ゴン ジン **公斤** kg（キログラム）	ジン／タイ ジン **斤/台斤** 600g
リャン **兩** 37.5g（お茶屋さんでよく使う）	チエン **錢** 3.75g	ゴン フェン **公分** cm（センチメートル）
ゴン ツー **公尺** m（メートル）	ゴン リー **公厘** mm（ミリメートル）	ゴン リー **公里** km（キロメートル）
ゴン セン **公升** L（リットル）	ハオ セン **毫升** ml（ミリリットル）	ガ **個** 個
ザン **張** 枚（平らな広い表面があるものを数える）	スー **隻** 匹（動物などを数える）	スアン **雙** 組（ペアになっているものを数える）
ピン **瓶** 本（瓶に入った液体の数を数える）	ベイ **杯** 杯（コップに入っているものを数える）	フー **幅** 枚（布帛・書画・掛け図・地図などの数を数える）
バー **把** 本・個（取っ手のついたものを数える）	スー **束** 束（束になったものの数を数える）	
ティアオ **條** 本・枚（細いものを数える）	ドゥイ **對** 組（基本的には左右・正反によって対をなす事物の数を数える）	

付録　数字／助数詞／単位

月／曜日／季節／祝日 🔊4-09

月

↗ ↘	↗ ↘	→ ↘	↘ ↘	↘ ↘	↗ ↘
イー ユエ	アー ユエ	サン ユエ	スー ユエ	ウー ユエ	リョウ ユエ
一月	二月	三月	四月	五月	六月
1月	2月	3月	4月	5月	6月

↗ ↘	↗ ↘	↗ ↘	↗ ↘	↗ ↗ ↘	↗ ↘ ↘
チー ユエ	バー ユエ	ジョウ ユエ	シー ユエ	シー イー ユエ	シー アー ユエ
七月	八月	九月	十月	十一月	十二月
7月	8月	9月	10月	11月	12月

※日にちは號（ハオ）で表し、1月10日なら1月10號（イーユエ　シーハオ）
と言う。

曜日など

→ ↗ ↘ → ↘	→ ↗ ↗ → ↗	→ ↗ ↘ → ↘
シン チー リー ゾウ リー	シン チー イー ゾウ イー	シン チー アー ゾウ アー
星期日/週日	星期一/週一	星期二/週二
日曜日	月曜日	火曜日

→ ↗ → → →	→ ↗ ↘ → ↘	→ ↗ ↘ → ↘
シン チー サン ゾウ サン	シン チー スー ゾウ スー	シン チー ウー ゾウ ウー
星期三/週三	星期四/週四	星期五/週五
水曜日	木曜日	金曜日

→ ↗ ↗ → ↗	↗ ↘	↘ →
シン チー リョウ ゾウ リョウ	ピン リー	ゾウ モー
星期六/週六	平日	週末
土曜日	平日	週末

季節

→ →	↘ →	→ →	→ →
チュエンティエン	シア ティエン	チョウティエン	ドン ティエン
春天	夏天	秋天	冬天
春	夏	秋	冬

祝日

元旦
ユエン タン
元旦

1月1日。中華民国開国記念日。1912年の1月1日、孫文が南京で臨時大総統に就任。中華民国が開国した。

春節
チュエン ジエ
春節

旧暦大晦日〜1月15日。中華圏における旧正月。学校や会社は旧暦大晦日から1月4日がお休みになる。振替休日などで1年で最も長い連休となる。

二二八和平紀念日
アー アー バー ハー ピン ジー ニエン リー
和平記念日

2月28日。中華民国政府による長期的な白色テロの引き金となった、1947年2月28日に台北市で発生した「二・二八事件」の悲しみを忘れず平和を祈る日。

兒童節
アー トン ジエ
児童節

4月4日。「中華慈幼協濟會」が過ごしやすい春で並びの良さから4月4日を中華民国の「子どもの日」とすることを提案。子どもたちの未来の保証と、子どもたちの権利を促進するための日。

清明節
チン ミン ジエ
清明節

4月4日か4月5日。二十四節気の「清明」。この日に墓参りに行く。台湾式春巻き「潤餅」もよく食べる。

端午節
ドゥアン ウー ジエ
端午節

旧暦5月5日。三大節句の一つ。「屈原」を供養する日であるとともに、夏の始まりを告げる日。台湾各地でドラゴンボートレースが開催され、ちまきを食べる。ヨモギや菖蒲を玄関に刺して、厄除け、病避けを願う。

中秋節
ゾン チョウ ジエ
中秋節

旧暦8月15日。一家団らんの日。月餅を食べながら満月をめでる。台湾ではバーベキューをするのが人気。文旦(柚子)もよく食べられる。

國慶日
グオ チン リー
国慶節

10月10日。中華民国成立の発端となった武昌起義の記念日。10月10日であることから「雙十節」とも呼ばれる。

除夕
チュー シー
大晦日

旧暦12月最終日。春節の始まりの日。この日は家族団らんで過ごす。

付録

月／曜日／季節／祝日

時間を表す言葉 🔊4-10

時間帯

ザオ チェン	ゾン ウー	ワン サン	ザオ サン	シア ウー	バン イエ
早晨	中午	晚上	早上	下午	半夜
朝	昼	晩	午前	午後	真夜中

昨日・今日・明日

サン ティエンチエン	チエンティエン	ズオ ティエン
三天前	前天	昨天
3日前	おととい	昨日

ジン ティエン	ミン ティエン	ホウ ティエン	サン ティエン ホウ
今天	明天	後天	三天後
今日	明日	あさって	3日後

週や月の言い方

サン ゾウ サン ガ リー バイ	ゼイ ゾウ ゼ ガ リー バイ
上週/上個禮拜	這週/這個禮拜
先週	今週

シア ゾウ シア ガ リー バイ	サン ガ ユエ	ゼ ガ ユエ
下週/下個禮拜	上個月	這個月
来週	先月	今月

シア ガ ユエ	チュウニエン	ジン ニエン	ミン ニエン
下個月	去年	今年	明年
来月	去年	今年	来年

体のパーツ 🔊 4-11

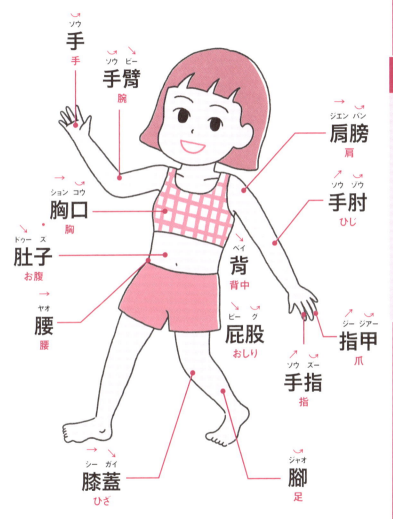

付録 時間を表す言葉／体のパーツ

139

顔のパーツ 🔊 4-12

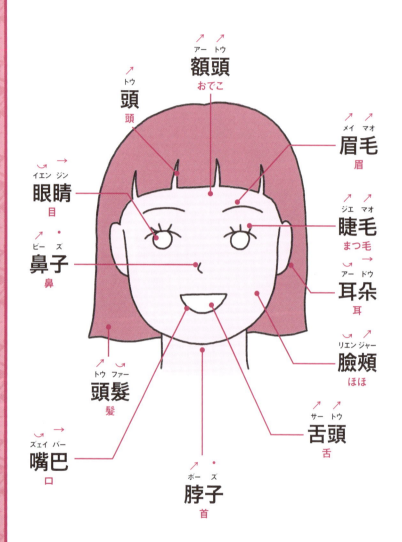

日本の地名 🔊 4-13

ドン ジン **東京** 東京	ヘン ビン **横濱** 横浜	ミン グー ウー **名古屋** 名古屋	ジン ドゥー **京都** 京都	ダー バン **大阪** 大阪
セン フー **神戸** 神戸	ジン ザー **金澤** 金沢	チン ジン ザー **軽井澤** 軽井沢	ゴン チー **宮崎** 宮崎	ツォン セン **沖繩** 沖縄

ベイ ハイ タオ **北海道** 北海道	スー グオ **四國** 四国	ジョウ ゾウ **九州** 九州
フー シー サン **富士山** 富士山	ヘイ ブー リー サン **黑部立山** 立山黒部	シー ユエン タオ **石垣島** 石垣島
チン スェイ スー **清水寺** 清水寺	ジン ガー スー **金閣寺** 金閣寺	ドン ダー スー **東大寺** 東大寺

ドン ジン ティエ ター **東京鐵塔** 東京タワー	ドン ジン チン コン ター **東京晴空塔** 東京スカイツリー
リー ベン フアンチョウ イン チェン **日本環球影城** USJ	ベイ ハイ タオ シュー サン ドン ウー ユエン **北海道旭山動物園** 北海道旭山動物園

ドン ジン フア ナー ションディー ハー リー ボー ター イン チェン
東京華納兄弟哈利波特影城
ワーナー ブラザース スタジオツアー東京 – メイキング・オブ・ハリー・ポッター

付録 顔のパーツ／日本の地名

141

主な地名 🔊 4-14

台湾の主要都市、通りの名前など。

タイ ベイ **台北** 台北	シン ベイ **新北** 新北	タオ ユエン **桃園** 桃園	ジー ロン **基隆** 基隆	シン ズー **新竹** 新竹	タイ ゾン **台中** 台中
ジャー イー **嘉義** 嘉義	タイ ナン **台南** 台南	ガオ ション **高雄** 高雄	ミャオ リー **苗栗** 苗栗	ザン フア **彰化** 彰化	ナン トウ **南投** 南投
ユン リン **雲林** 雲林	ピン ドン **屏東** 屏東	イー ラン **宜蘭** 宜蘭	フア リエン **花蓮** 花蓮	タイ ドン **台東** 台東	ジン メン **金門** 金門

ゾン サン ルー **中山路** 中山路	ゾン ゼン ルー **中正路** 中正路	ゾン シャオ ルー **忠孝路** 忠孝路
レン アイ ルー **仁愛路** 仁愛路	シン イー ルー **信義路** 信義路	ハー ビン ルー **和平路** 和平路
ディー フア ジエ **迪化街** 迪化街	ゾン フア ルー **中華路** 中華路	ミン ズー ルー **民族路** 民族路
ミン チュエン ルー **民權路** 民權路	ミン セン ルー **民生路** 民生路	ナン ジン ルー **南京路** 南京路

名所 🔊 4-15

↗ ↘ → ↗ →
タイ ベイ イー リン イー
台北１０１
台北101

↗ ↘
ジョウ フェン
九份
九份

↗ →
シー フェン
十分
十分

↗ ↗
ウー ライ
烏來
烏来

↗ ↘
イエ リョウ
野柳
野柳

→ ↘ → ↘
ガオ メイ シー ディー
高美濕地
高美湿地

↘ ↘ ↗
リー ユエ タン
日月潭
日月潭

→ ↘ →
アー リー サン
阿里山
阿里山

→ ↘ →
サン フォン ゴン
三鳳宮
三鳳宮

→ → ↗
サン シエン タイ
三仙台
三仙台

↘ ↘ ↗
タイ ルー ガー
太魯閣
タロコ渓谷

↘ ↘
ダン スェイ
淡水
淡水

→ →
マオ コン
貓空
猫空

↗ ↗ →
ヤン ミン サン
陽明山
陽明山

↘ ↗ → ↗
ベイ トウ ウェンチュエン
北投溫泉
北投温泉

↘ →
ユィ サン
玉山
玉山

↘ ↗ →
タイ ピン サン
太平山
太平山

↘ ↗ ↘ →
ウー リン ノン チャン
武陵農場
武陵農場

↘ →
クン ディン
墾丁
墾丁

→ ↗
シー トウ
溪頭
渓頭

↘ ↗ ↘ ↗
ゼン ビン ユィ ガン
正濱漁港
正濱漁港

↗ →
チー ジン
旗津
旗津

→ ↗ ↘ ↘ ↗ →
ガオ シュン バー ウー ダー ロウ
高雄８５大樓
高雄85ビル

↗ ↗ ↗ →
ツァイ フォンジュエンツェン
彩虹眷村
彩虹眷村

付録
主な地名／名所

143

● 著者 ●

森下 実希（もりした みき）

大学時代から台湾に恋をして、台湾リピーターとなる。語学留学・ワーキングホリデーを経て、台湾情報発信サイト「台北ナビ」編集部で執筆・編集を行う。いつも周りの人たちに助けられ、支えられながら、台湾生活を満喫中。

「台北ナビ」https://www.taipeinavi.com/

●本文イラスト●

Aikoberry（アイコベリー）
台北出身。出版社勤務を経て来日。挿画、デザイン、似顔絵ワークショップなど多方面で活躍中。 https://www.instagram.com/aikoberry/

▷ Specail Thanks（特別感謝）
Debbie（周涵薇）、凱桑（張程凱）、台北ナビ

本書に関するお問い合わせは、書名・発行日・該当ページを明記の上、下記のいずれかの方法にてお送りください。電話でのお問い合わせはお受けしておりません。
・ナツメ社Webサイトの問い合わせフォーム
　https://www.natsume.co.jp/contact
・FAX（03-3291-1305）
・郵送（下記、ナツメ出版企画株式会社宛て）
なお、回答までに日にちをいただく場合があります。正誤のお問い合わせ以外の書籍内容に関する解説・個別の相談は行っておりません。あらかじめご了承ください。

ナツメ社Webサイト
https://www.natsume.co.jp
書籍の最新情報（正誤情報を含む）は
ナツメ社Webサイトをご覧ください。

旅行に役立つ 台湾華語フレーズ集

2025 年 5 月 7 日　初版発行

著　者	森下 実希	© Morishita Miki, 2025
発行者	田村 正隆	

発行所　株式会社ナツメ社
　　　　東京都千代田区神田神保町 1-52　ナツメ社ビル 1F（〒101-0051）
　　　　電話　03（3291）1257（代表）　　FAX　03（3291）5761
　　　　振替　00130-1-58661
制　作　ナツメ出版企画株式会社
　　　　東京都千代田区神田神保町 1-52　ナツメ社ビル 3F（〒101-0051）
　　　　電話　03（3295）3921（代表）
印刷所　ラン印刷社

ISBN978-4-8163-7711-2　　　　　　　　　　　　Printed in Japan
〈定価はカバーに表示してあります〉〈乱丁・落丁本はお取り替えします〉
本書の一部または全部を著作権法で定められている範囲を超え、ナツメ出版企画株式会社に無断で複写、複製、転載、データファイル化することを禁じます。